WALTER LEISNER

Grundeigentum und Versorgungsleitungen

Schriften zum Öffentlichen Recht

Band 223

Grundeigentum und Versorgungsleitungen

Zur Entschädigung bei „Durchschneidungsschäden"

Von

Prof. Dr. Walter Leisner

DUNCKER & HUMBLOT / BERLIN

Alle Rechte vorbehalten
© 1973 Duncker & Humblot, Berlin 41
Gedruckt 1973 bei Alb. Sayffaerth, Berlin 61
Printed in Germany

ISBN 3 428 03007 9

Inhaltsverzeichnis

Vorbemerkung 9

A. *Ersatzfähigkeit der Wertminderung von durchschnittenen Grundstücken und durchschnittenem Besitz* 12

I. Der Grundsatz der vollen Entschädigung bei Durchschneidung 12

    1. Rechtsformen der Leitungsbelastungen 12

    2. Volle Entschädigung 13

    3. Keine Rücksicht auf Verteuerung der Versorgung 15

    4. Keine Enteignung bei Durchschneidung versorgter Grundstücke 16

    5. Durchschneidungen als „Teilenteignungen" — Begriffliche Klarstellung 18

    6. Die Fragestellung — Verhältnis der hier erörterten Entschädigungen zueinander 19

II. Grundsatz der Teilflächenentschädigung 20

    1. Die Praxis der „Entschädigung pro qm der Schutzstreifenfläche" 20

    2. Die bisherige Teilflächenentschädigungspraxis schließt Grundstücks- oder Besitzwertentschädigung nicht aus 22

III. Zulässigkeit der Grundstückswertentschädigung 28

    1. Enteignungsgesetzliche Regelungen der Grundstückswertentschädigung 28

    2. Grundstückswertentschädigung nach dem GG als grundsätzlich allein zulässige Form der Wertminderungsberechnung 29

    3. Grundstückswertentschädigung als Prinzip der gesamten bisherigen Rechtsprechung zur Teilflächenentschädigung 30

    4. Ausdrückliche Anerkennung der Grundstückswertentschädigung in der Rechtsprechung 31

    5. Kein Grundsatz der Beschränkung auf Teilflächenentschädigung in der Rechtsprechung 32

6. Teilflächenentschädigung ist nur Ausdruck einer „Meistbegünstigung" im Enteignungsrecht, die Grundstückswertentschädigung nicht ausschließt 34

7. Grundstückswertersatz als Folge der Vorteilsausgleichung 35

IV. Zulässigkeit der Besitzwertentschädigung 36

1. Der „Besitz" als enteignungsfähiges Gut 36

2. Grundstückswertminderung — Voraussetzung der Besitzwertentschädigung 38

3. Anerkennung der Besitzwertentschädigung durch die Rechtsprechung 40

4. Besitzwertentschädigung und Restbetriebsbelastung 43

5. Plananpassung und Besitzwertentschädigung 44

6. Der erforderliche „Zusammenhang" der den Besitz bildenden Grundstücke 44

B. *Ersatz für Grundstücks- und Besitzwertminderung nach geltendem Entschädigungsrecht* 47

I. Form des Eingriffs 47

1. Das „Instrument der Durchschneidung" (Leitung, Trasse) 47

2. Die Art der Durchschneidung 49

3. Kumulation von Durchschneidungen 51

II. Der Wert des betroffenen Grundstücks oder Besitzes 51

1. Beurteilung nach dem Verkehrs-, nicht nach dem Ertragswert .. 51

2. Der Begriff des Verkehrswertes; der „gesunde Grundstücksverkehr" 53

3. Entschädigung für „künftigen Wert" 58

4. Entschädigung für „gefühlsmäßige Werte" 64

III. Die Wertminderung von Grundstücken und Besitz bei Durchschneidungen 66

1. Die Vermutung für die Beeinträchtigung des Grundstückswertes bei Durchschneidung 66

2. Ertragswertminderung als Verkehrswertminderung 68

3. Weitere verkehrswertmindernde Eingriffsnachteile bei Durchschneidungen 71

IV. Methode zur Feststellung der Verkehrswertminderung	74
1. Das Wesen der „freien Schätzung"	74
2. Die Macht der Schätzer	77
3. „Vergleichspreise"	78
4. Die Methode der Ermittlung der Wertminderung	80
Sachwortverzeichnis	82

Vorbemerkung

1. Eine große Anzahl von privaten Grundstücken wird durch Versorgungsleitungen für Elektrizität, Gas oder Wasser, durch Erdgas- oder Ölleitungen sowie durch öffentliche Land- und Wasserwege beeinträchtigt, welche über- oder unterirdisch auf ihnen geführt werden oder sie teilen. Die Zahl solcher Fälle nimmt infolge der Intensivierung der Bevölkerungsballung sowie der technischen Entwicklung rasch zu. In aller Regel handelt es sich dabei um Eingriffe von hoher Hand, welche privaten Grundbesitz entziehen oder belasten.

Schrifttum und Rechtsprechung beschäftigen sich seit langem eingehend mit der Frage, welche Entschädigung die betroffenen Eigentümer beanspruchen können. Vor allem in den letzten Jahren hat sich eine Reihe von Rechtsgrundsätzen herausgebildet, welche sowohl das materielle Entschädigungsrecht betreffen als auch das Verfahren, nach welchem die angemessene Entschädigung jeweils zu ermitteln ist.

Offen geblieben ist jedoch noch weithin die Frage, *für die Wertminderung (oder den Entzug) welchen Gutes* Ersatz zu leisten ist. Hier bestehen drei Möglichkeiten:

— Entschädigung für diejenige Fläche, welche belastet oder entzogen wird (infolgedessen: *„Flächenwertentschädigung"*)

— Ersatzleistung für die Wertminderung, welche das gesamte Grundstück i. S. des Grundbuchrechts durch Belastung oder Entzug erfährt (infolgedessen: *„Grundstückswertentschädigung"*)

— Ausgleich für die Herabsetzung des Wertes eines größeren, aus mehreren Grundstücken bestehenden Besitzes, der nach Lage oder Bewirtschaftung als eine ökonomische, wertmäßige Einheit angesehen werden kann (infolgedessen: *„Besitzwertentschädigung"*).

Es fragt sich also etwa, ob bei Überspannung von Grundstücken eines größeren, zusammenhängenden Forstbesitzes der Ersatz zu bestimmen ist nach der qm-Größe des Schutzstreifens, nach der Größe der überspannten Grundstücke oder nach dem Gesamtwert des Forstgutes, dessen Einheit in wertmindernder Weise beeinträchtigt wird.

Zwar *kann* die Flächenwertentschädigung so festgesetzt werden, daß sie auch die Grundstückswertentschädigung erfaßt; wird jedoch Ersatz für die Schutzstreifenfläche allein gewährt, so besteht die Gefahr, daß dabei doch die Grundstückswertentschädigung zu kurz kommt oder gar nicht berücksichtigt wird; dies gilt vor allem dann, wenn ein fester Vomhundertsatz als Flächenwertentschädigung gewährt wird. Dabei wird dann auf das „Restgrundstück" nicht Rücksicht genommen, das ja mehr oder minder groß sein kann. Die Besitzwertentschädigung wird weder durch Flächenwert-, noch durch Grundstückswertentschädigung mitgewährt, weil diese ja nicht unter Berücksichtigung von Größe und Wert des „Gesamtbesitzes" bestimmt werden.

Wer also über Flächenwertentschädigung hinaus noch Grundstückswert- oder gar Besitzwertentschädigung geltend macht, der verlangt in aller Regel mehr als den Flächenwert, und zwar könnte die Differenz, je nach Grundstücks- oder Besitzgröße, sehr erheblich sein.

Bisher ist aus noch näher darzulegenden Gründen Ersatz meist nur für den Flächenwert verlangt und gewährt worden. Die Diskussion darüber, ob nicht daneben oder vielleicht an Stelle des Flächenwertes der Grundstücks- oder Besitzwert zu berücksichtigen sei, hat jedoch in den letzten Jahren begonnen und bereits ersten Niederschlag in der Rechtsprechung gefunden.

2. Die nachfolgende Untersuchung soll klären
— für welchen der drei genannten Werte Ersatz zu leisten ist
— welche Bemessungsgrundlagen oder Anhaltspunkte für die Bestimmung der Entschädigungshöhe sich gegebenenfalls für Grundstückswert- oder Besitzwertentschädigung aus dem geltenden Entschädigungsrecht ergeben.

Die Ausführungen befassen sich dementsprechend zunächst unter A mit der Frage, ob Entschädigung für Wertminderung von „Gesamtgrundstück" und „Gesamtbesitz" überhaupt möglich ist. Diese Frage wird grundsätzlich zu bejahen sein. Im Teil B ist sodann zu prüfen, nach welchen materiell-rechtlichen Gesichtspunkten die Entschädigungshöhe zu beurteilen ist und nach welchem Verfahren dies zu geschehen hat. Diese Darlegungen unter B schließen sich eng an das geltende Entschädigungsrecht für Teilflächen an und sollen dessen Übertragbarkeit auf Grundstückswert- und Besitzwertentschädigung erweisen. Zugleich aber wird sich dabei herausstellen, daß dem geltenden Entschädigungsrecht die Tendenz zugrundeliegt, über reine Teilflächenentschädigung hinaus Ersatz zu gewähren. Damit wird das unter A gefundene Ergebnis im einzelnen noch näher begründet.

3. Im folgenden wird einheitlich von der „Durchschneidung" der Grundstücke oder des Besitzes gesprochen, denn dieser Ausdruck kennzeichnet am besten die faktische Wirkung der Leitungs- oder Trasseziehung für den Betroffenen. Dabei wird dieser Begriff hier nicht im

„technischen" Sinn, etwa im Gegensatz zum „Anschneiden" der Grundstücke oder anderen Formen ihrer Berührung gebraucht. Diese verschiedenen Formen der Beeinträchtigung können zwar von Bedeutung sein[1], ebenso wie die Leitungsart[2]. Nach beiden Gesichtspunkten differenziert wird jedoch die „Durchschneidung" nur dort behandelt, wo dies sachlich geboten ist.

In nahezu allen grundsätzlichen hier zu erörternden Fragen der Ersatzfähigkeit und der Entschädigungshöhe bilden dagegen Leitungen und Wege ebenso eine Einheit wie sie eben einheitlich Grundstücke oder Besitz „durchschneiden". Der Gegenstand der Untersuchung ist im ganzen doch ein einheitlicher.

---

[1] Dazu etwa *Bewer*, C., Umstrittene Entschädigungsfragen, RdL 1968, S. 171.
[2] Vgl. dazu *Foag*, A., RdL 1963, S. 83.

A. Ersatzfähigkeit der Wertminderung von durchschnittenen Grundstücken und durchschnittenem Besitz

I. Der Grundsatz der vollen Entschädigung bei Durchschneidung

1. Rechtsformen der Leitungsbelastungen

a) Wird ein Grundstück durch eine Straßentrasse durchschnitten, so wird in aller Regel der hierfür erforderliche Grund dem Eigentümer im Wege der Enteignung entzogen. Es liegt der klassische Fall einer Teilenteignung vor[3]. Daß hier volle Entschädigung zu gewähren ist, war nie zweifelhaft.

b) Im Falle der Versorgungs- und ähnlicher Leitungen muß der Eigentümer in der Regel drei Komplexe von Rechten dem Versorgungsunternehmen zugestehen[4]:

— das Recht, eine bestimmte Leitung zu legen, zu betreiben, zu unterhalten
— das jederzeitige Betretungsrecht zur Überwachung der Leitung
— das Recht, auf einem sog. Schutzstreifen bestimmte Bodennutzungshandlungen zu unterlassen.

Diese Rechte können durch schuldrechtliche Verträge begründet werden[5]. In der Regel bieten diese (Leihe, Miete) jedoch den Unternehmen keine hinreichende Sicherheit. Deshalb werden Dienstbarkeiten bestellt[6]. Seit dem Erlaß des Energiewirtschaftsgesetzes (1935) hat dabei die beschränkte persönliche Dienstbarkeit (§§ 1090 f. BGB) zugunsten einer juristischen Person die Grunddienstbarkeit weit zurückgedrängt.

Eine große Rolle spielen praktisch *Vereinbarungen*, welche von Unternehmen einerseits, Verbänden und Gruppen von Eigentümern, insbesondere Landwirtschaftsverbänden andererseits abgeschlossen werden und global die Ersatzleistungen an die Mitglieder festlegen[7].

---

[3] Dazu noch näher unten 4.
[4] *Gieseke*, P., Leitungen auf fremden Grundstücken, Festschr. f. J. Hedemann, Berlin 1958, S. 96.
[5] Dazu näher *Gieseke*, P., a.a.O., S. 97; *Hamerla*, H., Rechtsfragen beim Bau und Betrieb elektr. Leitungen, Diss. Erlangen 1959 (Masch.), S. 71 f.
[6] *Gieseke*, P., a.a.O., S. 102 f.; *Hamerla*, H., a.a.O., S. 77 f.

I. Der Grundsatz der vollen Entschädigung bei Durchschneidung

Sie bestimmen, wie noch näher nachzuweisen sein wird, praktisch weitgehend den Entschädigungsrahmen im jeweiligen Bereich.

c) *Gesetzliche Duldungsrechte* für derartige Durchleiterechte gibt es vor allem für Wasser- oder Abwasserleitungen sowie für Mineralölleitungen[8].

d) Die Duldung der Leitung kann im übrigen durch Enteignung, genauer: im Wege des *enteignenden Eingriffs* erzwungen werden. Dies gilt vor allem für Leitungen von Elektrizität nach dem EnWG, nach dessen § 11 von Fall zu Fall die Zulässigkeit der Enteignung in genereller Form durch das jeweilige Landwirtschaftsministerium festgestellt wird[9]. Die Dienstbarkeit wird dem betroffenen Grundstück nach dem Verfahren auferlegt, das hierfür die Enteignungsgesetze der Länder vorsehen[10].

Die materiellen Grundsätze des Enteignungsrechts ergeben sich heute jedoch nicht mehr aus den verschiedenen Enteignungsgesetzen, sondern unmittelbar aus Art. 14 Abs. III GG, aus dem insoweit das Recht der Ersatzleistungen von der Rechtsprechung einheitlich abgeleitet wird[11].

2. Volle Entschädigung

Die wichtigsten Prinzipien, die sich aus Art. 14 GG für die Leitungen ergeben, lauten:

— *Die Auferlegung einer solchen Dienstbarkeit ist stets als enteignender Eingriff*, sie ist grundsätzlich nicht als Sozialbindung des Eigentums anzusehen. Früher unterschied man gelegentlich zwischen der Enteignung (etwa für Mastflächen) und der „öffentlich-rechtlichen Eigentumsbeschränkung durch Überspannung", welche insoweit entschädigungslos zu dulden war[12]. Auch nach Inkrafttreten des GG ist

---

[7] 1963 gab es für das Bundesgebiet bereits 58 derartige Vereinbarungen; vgl. *Frohberg*, G., Enteignungsentschädigung für Fernleitungsdienstbarkeiten, NJW 1963, S. 2008; *Dittus*, W., Zur Bemessung der Entschädigung bei Leitungsservituten, NJW 1965, S. 723.

[8] Überblick für *Wasserleitungen: Gieseke*, P., a.a.O., S. 104; *Mineralölleitungen: Kindermann*, H. H., Rechtsprobleme beim Bau und Betrieb von Erdölfernleitungen, Berlin 1965, S. 38 f.

[9] Vgl. dazu *Joachim*, H.: Dienstbarkeitsentschädigungen für Fernleitungen von Versorgungsunternehmen, NJW 1963, S. 473; *Mattheis*, G., Erforderlichkeit der Enteignung für Energieversorgungsleitungen, NJW 1963, S. 1804.

[10] Zum PrEG vgl. etwa *Balkenholl*, H., *Bewer*, C., Minderung des Grundstückswertes durch Versorgungsleitungen, RdL 1963, S. 147; zum bay. Verfahren: *Keller*, E., Enteignung zum Zwecke der öffentlichen Energie-Versorgung, Diss. München 1957, S. 124 f.

[11] So zutr. *Dittus*, W. (FN 7), S. 721; zum Verhältnis von EnWG und GG *Keller*, E. (FN 10), S. 40 f.

[12] Dazu *List*, F., Energierecht, Berlin 1952, S. 59 f. unter Hinweis auf ein Urteil des sächsischen OVG vom 8. 11. 1933.

gelegentlich versucht worden, die Duldungsverpflichtungen der Leitungen als Formen der „Sozialbindung des Eigentums" hinzustellen, für welche eine Entschädigung nicht zu gewähren sei[13]. Die ganz h.L. und Rspr. ist dem mit Recht nicht gefolgt, sie hat Leitungserzwingung stets als eine Form der Enteignung angesehen[14].

— Für solche enteignende Eingriffe muß *volle Entschädigung* gewährt werden. Der BGH hält in ständiger Rechtsprechung[15] an dem Grundsatz fest, daß

„für Eigentumsbeschränkungen ebenfalls der ‚volle Wert' der durch die Beschränkung eingetretenen Wertminderung des belasteten Grundstücks zu ersetzen ist. Es kommen mithin bei der Entschädigung für Beschränkungen des Grundeigentums dieselben Grundsätze zur Anwendung, wie sie für die Entschädigung bei völliger Entziehung des Grundeigentums herausgebildet worden sind. Es muß sonach in dem einen wie in dem anderen Fall dem Betroffenen das volle Äquivalent für das ihm Genommene, mit anderen Worten ein wirklicher Wertausgleich für die ihm auferlegte Vermögenseinbuße, verschafft werden".

In seinem Grundsatzurteil zur Höhe der Enteignungsentschädigung[16] verlangt der BGH, der Wertausgleich müsse „in der Regel so bemessen sein, daß mit seiner Hilfe eine Sache gleicher Art und Güte, ein gleichwertiges Objekt erlangt werden kann (Nachw.). Auf die Ermöglichung der Beschaffung eines gleichwertigen Objekts wird abgestellt, um zum Ausdruck zu bringen, daß dem Enteigneten durch die Entschädigung das volle Äquivalent für das Genommene gegeben werden muß. Dabei wird nicht vorausgesetzt, daß der Enteignete sich im Einzelfall wirklich einen gleichwertigen Gegenstand wieder beschaffen könnte oder wollte (Nachw.). Bei der Festsetzung der Entschädigung ist infolgedessen vom gemeinen Wert des enteigneten Gegenstandes auszugehen. Der gemeine Wert ist der im gewöhnlichen Geschäftsverkehr für den enteigneten Gegenstand zu erzielende Preis, also der Verkehrswert und der objektive Tauschwert, den der Gegenstand für jedermann hat (Nachw.)".

Das Schrifttum hat sich dem in Leitungsfragen durchwegs angeschlossen[17].

---

[13] So etwa *Gieseke*, P. (FN 4), S. 106—7, bereits im Gegensatz zu der von ihm dort zit. Lit.; dagegen mit Recht *Dittus*, W. (FN 7), S. 721. Mit „Sozialbindung" arbeitet auch *Joachim*, H. (FN 9).
[14] Vgl. f. viele: *Wagner*, H., Das Recht der Energieversorgungsleitungen als Anwendungsfall allg. Rechtsgrundsätze des Verwaltungsrechts, JuS 1968, S. 199; BGH NJW 1964, S. 652, std. Rspr.
[15] BGH NJW 1964, S. 652; vgl. etwa noch BGH RdL 1967, S. 242; OLG Hamm, RdL 1968, S. 270.
[16] BGH NJW 1963, S. 1492 m. weit. Rspr.Nachw.
[17] Vgl. z. B. *Hamerla*, H. (FN 5), S. 106 f.; *Klockgeter*, O., Verf. r. Probleme des EnWG, Diss. Göttingen 1963, S. 76; *Frohberg*, G. (FN 7), S. 2007; *Kindermann*, H. H. (FN 7), S. 71 ff.

I. Der Grundsatz der vollen Entschädigung bei Durchschneidung

3. Keine Rücksicht auf Verteuerung der Versorgung

Versorgungsleitungen und Wege dienen der Allgemeinheit, sie sollen billige Versorgung ermöglichen. Vom EnWG wird dies ausdrücklich betont[18]. Von den enteignungsberechtigten Unternehmern ist daher immer wieder gegen eine volle Entschädigung ins Feld geführt worden, die Versorgung werde dadurch für die Allgemeinheit unzumutbar verteuert.

Gerade im jetzigen Zeitpunkt wird bei wachsenden Staatsaufgaben und der vielbeklagten angeblichen „öffentlichen Armut" im Namen der Sozialstaatlichkeit politisch immer von neuem gefordert, die Versorgung der Allgemeinheit dürfe nicht dadurch verteuert werden, daß unangebrachte Rücksicht auf einzelne Eigentümer genommen werde. Demgegenüber muß nachdrücklich darauf hingewiesen werden, daß gerade im Recht der Leitungsentschädigung unumstritten der allgemeine enteignungsrechtliche Grundsatz gilt, daß es nicht darauf ankommt, was die Leitungsservitut auf der Seite des Leitungsunternehmens als nutzbarer Wert bedeutet. „Gemessen wird nicht, was der Enteignungsantragsteller gewinnt, sondern nur das, was der Betroffene verliert"[19]. Wie teuer also die Leitung durch die Gewährung voller Entschädigung wird, ist völlig gleichgültig[20]: Der BGH hat entschieden[21]:

„Diese Grundsätze (des wirklichen Wertausgleichs; d. Verf.) für die Entschädigungsbemessung erfahren auch keine Einschränkung unter dem Gesichtspunkt, daß die ‚Energieversorgungsunternehmen' dringende Interessen der Allgemeinheit wahrnehmen und gehalten sind, ihre der Gesamtbevölkerung zugutekommenden Leistungen zu möglichst niedrigen Tarifen zur Verfügung zu stellen. Denn diese Erwägung kann nicht dazu führen, die für eine ordnungsmäßige Energieversorgung erforderlichen Aufwendungen statt von der Gesamtheit der Empfänger der Energieleistungen teilweise allein von den einzelnen durch Enteignungsmaßnahmen zugunsten von Versorgungsunternehmen betroffenen Grundstückseigentümern tragen zu lassen."

Besonders beachtlich für die heutige politische Diskussion ist es, daß das oberste Zivilgericht in seiner zitierten Entscheidung (1963) diese

---

[18] Vgl. die Präambel z. EnWG und dazu *Eiser - Riederer*, Komm. z. EnWG § 4, Anm. I, S. 123.

[19] *Dittus*, W. (FN 7), S. 721; im Schrifttum hat sich, soweit ersichtlich, neuerdings nur *Wagner*, H. (FN 14), S. 203 beklagt, die Anwendung gewisser Bewertungsfaktoren führe zu einer betriebswirtschaftlich kaum tragbaren Verteuerung der „Fernleitungen". Rechtliche Folgerungen daraus gegen eine volle Entschädigung will aber offensichtlich auch er nicht ziehen.

[20] *Frohberg*, G. (FN 7), S. 2008 sieht hier m. R. die Bestätigung einer „Generationen alten Rechtsprechung und Literatur auf dem Gebiete des Enteignungsrechts"; vgl. auch *Foag*, A., RdL 1963, S. 283 unter zutr. Widerlegung von *Joachim*.

[21] BGH NJW 1964, S. 653; std. Rspr., vgl. etwa BGH RdL 1963, S. 76; BGH RdL 1967, S. 242.

seine These vor allem auf die Rechtsstaatlichkeit stützte, während es 1967, offensichtlich schon unter dem Eindruck sozialstaatlicher Forderungen, ausdrücklich hinzufügt:

„Nur ein Sonderopfer gegen volle Entschädigung läßt angesichts der verfassungsmäßigen Eigentumsgarantie die Enteignung auch vom Standpunkt des *sozialen Rechtsstaats* vertretbar erscheinen"[22] (Hervorh. v. Verf.).

Der BGH leitet also das Prinzip, daß es nicht auf den Nutzen für den Enteignenden ankomme, unmittelbar aus Art. 20 GG ab, aus jenen Grundsätzen des sozialen Rechtsstaats, die sogar einer Verfassungsänderung durch Art. 79 Abs. III GG entzogen sind. Dies sollte auch in der politischen Diskussion zu einer gewissen Zurückhaltung in diesem Punkt veranlassen: Billige Versorgung auf Kosten einzelner, zufällig betroffener Bürger läßt sich rechtlich nicht erzwingen.

Für die hier zu beurteilende Spezialfrage ist dies von großer und allgemein-vorgreiflicher Bedeutung: Entschädigung für Wertminderung von Gesamtgrundstücken oder gar von Gesamtbesitz bedeutet sicher eine Verteuerung der Versorgung und mag daher heute als unpopuläre Forderung erscheinen. Gerade jenes Verlangen nach billiger Versorgung der Allgemeinheit, das mancher dem rasch entgegenhalten mag, hält aber kritischer Nachprüfung nicht stand, wenn sich die Allgemeinheit auf Kosten einzelner Bürger bereichern will, die nur deshalb betroffen werden, weil sie zufällig im Wege liegen.

An Verteuerung der Versorgung kann also das hier zu prüfende Anliegen nicht scheitern. Der Staat muß sich eben die nötigen Mittel gegebenenfalls durch Steuern beschaffen[23].

4. Keine Enteignung bei Durchschneidung versorgter Grundstücke

a) Grundstücke, die von Leitungen durchschnitten werden, welche sie versorgen, werden durch Auferlegung von entsprechenden Dienstbarkeiten nicht enteignend belastet; Entschädigung wird insoweit nicht geschuldet. Dies ergibt sich aus den „Allgemeinen Bedingungen für die Versorgung mit elektrischer Arbeit aus dem Niederspannungsnetz des Elektrizitätsversorgungsunternehmens", III, 3. Es kommt darin wohl ein Prinzip zum Ausdruck, das auch für andere Versorgungsleitungen zu gelten hat.

Die Rechtsprechung[24] hat, soweit ersichtlich, den Grundsatz nicht näher begründet. Es ist nur allgemein von „Sozialbindung des Eigen-

---

[22] BGH RdL 1967, S. 242.
[23] Vgl. dazu grundsätzlich *Leisner*, W., Sozialbindung des Eigentums, Berlin 1972, S. 226 f.
[24] Vgl. u. a. OLG Stuttgart, El. Wirtsch., Rechtsbeilage 1958, S. 28; OLG Celle, ebda. 1962, S. 53; OLG Düsseldorf, ebda. 1958, S. 87; LG Mosbach zit. v. *Kimminich*, O., Eigentum und Energieversorgung, Frankfurt 1972, S. 5; LG Stuttgart beda. S. 12; weit Nachw. z. Schrifttum bei *Kimminich*, O., a.a.O.

I. Der Grundsatz der vollen Entschädigung bei Durchschneidung   17

tums" die Rede; auch der Gedanke der Vorteilsausgleichung klingt gelegentlich an[25]. Der unausgesprochene Grund dafür dürfte einfach darin liegen, daß hier eine lange, gefestigte Tradition der Nichtentschädigung besteht, und daß Entschädigungen in der Tat zu revolutionierenden Verteuerungen führen würden.

Rechtlich gesehen kann beides allerdings nicht entscheidend sein. Auch ein Grundsatz „Wer Leistung haben will, muß Leitung dulden", kann so allgemein nicht anerkannt werden. Der BGH hat mit Recht darauf hingewiesen, daß die Leistung den einen Bezieher nicht teurer kommen dürfe als den anderen, und daß niemandem zugemutet werden könne, auf derartige Leistungen zu verzichten[26]. Wenn nun die Leitung beim einen mehr Fläche in Anspruch nimmt als beim anderen, so wird im Ergebnis für jenen die Leitung teurer. Dies gilt noch mehr dann, wenn etwa noch Grundstückswertminderung oder gar Besitzwertminderung geltend gemacht werden soll, was ja hier zu prüfen ist: Wenn ein Eigentümer Elektrizität zu einem inmitten eines großen geschlossenen Besitzes gelegenen Haus führen will, so entstehen hier u. U. erhebliche Besitzwertminderungen.

Dennoch zeigt dieser Fall schon, daß die Lösung der h. L. und Rechtsprechung berechtigt ist. Eine Entschädigung kommt nicht in Betracht. Das Unternehmen führt seine Leitung ja an diesen Besitz, an diese Grundstücke wie an alle anderen Grundstücke und Güter heran — bis an die Grenze. Was darüber hinaus geht, liegt im „Bereich des Eigentümers" und ist von ihm zu tragen. Liegt sein Haus so weit ab, daß sein ganzer Besitz durchschnitten werden muß, so ist dies seine Sache, und es begründet diese Entfernung von der „Grenze" u. U. wieder einen besonderen Wert des Hauses. Darin liegt also auch eine Art von Vorteilsausgleich: Der Eigentümer verliert viel durch die Durchschneidung, er gewinnt viel durch den Anschluß eines an sich schwer zu versorgenden Grundstücks oder Gebäudes. Die Durchschneidung ist hier eine Folge der Lage des Eigentums selbst, die ausschließlich diesem zugute kommt. Hierfür kann die Allgemeinheit nicht entschädigen.

b) Dasselbe gilt für andere Grundstücke des Eigentümers, über die geleitet werden muß, damit der Eigentümer angeschlossen werden kann. Hier findet der Ausgleich soz. innerhalb des Gesamteigentums statt — was bei einem Grundstück gewonnen wird, geht beim anderen verloren.

c) Problematisch ist es allerdings, wenn auch dort nicht entschädigt wird, wo die betreffende Leitung dem Eigentümer nicht mehr dient, er also neben der ihn versorgenden Leitung a) auch noch eine Leitung

---
[25] So etwa bei *Hamerla*, H. (FN 5), S. 70.
[26] BGHZ 9, S. 390 f.

b) dulden muß, die über seine Grundstücke führt, nur weil er, ad personam, Abnehmer auf einem anderen Grundstück ist. Dies geht zu weit, für die Leitung b) muß entschädigt werden, dies wäre ja auch der Fall, wenn die Grundstücke zu b) einem anderen gehörten. Ein anderes kann nur insoweit gelten, als die Grundstücke zu b) in einem derartigen Zusammenhang mit dem zu a) stehen, daß sie eine Einheit, vor allem wirtschaftlicher Art bilden. Darauf ist noch in einem weiteren Zusammenhang zurückzukommen (unten IV, b). Gerade dieser Grundsatz zeigt nämlich, e contrario, daß man im Leitungsentschädigungsrecht durchaus bereits von einer gewissen „Besitzeinheit" ausgeht.

Hier ist lediglich zusammenfassend festzustellen, daß die Herausnahme der versorgten Grundstücke aus der Entschädigung bei Durchschneidung auch dann in gewissen Grenzen gerechtfertigt ist, wenn man nicht nur Teilflächenwert-, sondern auch Grundstückswert-, ja Besitzwertminderung geltend macht. Die hier zu prüfende Problematik bleibt also ohne Auswirkung auf die eben erörterten Grundsätze.

5. Durchschneidungen als „Teilenteignungen"
Begriffliche Klarstellung

Enteignende Eingriffe im Zuge der Durchschneidung sind Teilenteignungen der betroffenen Grundstücke oder gar des betroffenen Besitzes. Der Begriff „Teilenteignung" wird jedoch in einem doppelten Sinn gebraucht:

— Einmal ist Teilenteignung die „endgültige *teilweise Entziehung* des Eigentums", welche Entschädigungspflicht wegen des Minderwertes des Grundstückes oder Besitzes auslöst. So wird etwa einem Grundstück durch ein dauerndes Bauverbot ein „Teil seiner Substanz" entzogen[27].

In diesem Sinn ist die Leitungsdienstbarkeit jedenfalls eine Teilenteignung der Schutzstreifenfläche, weil sie auf dieser als absolutes und dauerndes Bauverbot wirkt[28]. Ob sie in diesem Verständnis auch als Teilenteignung des jeweiligen Gesamtgrundstücks oder gar eines größeren Besitzes zu werten ist, hängt davon ab, ob man auch das Prinzip der Grundstückswert- oder der Besitzwertminderung anerkennen kann. Dies ist Gegenstand der folgenden Überlegungen. Der hier erörterte Teilenteignungsbegriff ist dieser Frage gegenüber jedenfalls neutral.

— Zum anderen wird von Teilenteignung dort gesprochen, wo ein Teil des Eigentums verloren geht, wo also reale Teile eines Gutes,

---

[27] BGHZ 37, S. 269.
[28] Näher dazu etwa *Frohberg*, G. (FN 7), S. 2007.

I. Der Grundsatz der vollen Entschädigung bei Durchschneidung

etwa Teile eines Grundstücks, völlig oder quasi-total entzogen werden[29]. „Entzug" in diesem Sinne ist auch die zwangsweise Auferlegung einer Dienstbarkeit. Von einer Teilenteignung kann man nach diesem Begriff bei der Durchschneidung ebenfalls sprechen, weil ja in jedem einzelnen Fall ein realer, abgrenzbarer Teil eines Grundstückes oder eines Besitzes entzogen wird. Ob damit auch der „Rest" des Grundstückes (oder Besitzes) in seinem Wert gemindert wird und dafür Ersatz zu leisten ist — darüber ist mit der Annahme einer solchen „Teilenteignung" noch gar nichts ausgesagt, die hier zu erörternde Frage ist also damit noch nicht beantwortet. Allerdings wird durch diesen „Teilenteignungsbegriff" die Zusammengehörigkeit des belasteten und des freibleibenden Grundes deutlicher herausgestellt und dies begünstigt wohl die Entscheidung für eine Grundstücks- oder Besitzwertentschädigung, es stellt jedenfalls eindeutig die Frage nach ihnen.

Diese Klarstellung war erforderlich, um dem Versuch entgegenzutreten, aus dem Begriff der „Teilenteignung" bereits eine Patentlösung für die hier aufgeworfene Frage entnehmen zu wollen. Lediglich im zweiten genannten Sinn mag sich ein gewisses Indiz für die Ausdehnung der Entschädigungspflicht ergeben. Die Dogmatik der Teilenteignung ist nicht hinreichend entwickelt; aus ihr allein können hier Ergebnisse nicht abgeleitet werden.

Wichtig ist aber, daß von Teilenteignung stets nur in *einem* Sinn im folgenden die Rede sein kann, sollen Mißverständnisse ausgeschlossen werden. Entsprechend der zweiten Alternative soll daher unter Teilenteignung nur *die Belastung von realen Teilen eines Gutes* verstanden werden. Daß dies der Dogmatik des Entschädigungsrechts am besten entspricht, ist andernorts nachgewiesen worden[30].

6. Die Fragestellung — Verhältnis der erörterten Entschädigungen zueinander

a) Die Frage lautet nun: Ist bei einer Durchschneidung allein für die belastete oder entzogene Teilfläche oder auch für Minderungen des jeweiligen Gesamtgrundstücks oder Gesamtbesitzes Ersatz zu leisten? Wird letzteres bejaht, so ist noch zu klären, ob diese Entschädigung dann etwa durch Formen der Teilflächenentschädigung mit erfaßt, abgegolten werden kann.

Im folgenden werden getrennt die Fragen nach der Wertminderung des Restgrundstücks (in folg. III) und des Restbesitzes (in folg. IV) be-

---

[29] So etwa *Schütz*, W., Eingriffe in das Eigentum und Verfassungsschutz, DWW 1954, S. 198.
[30] *Leisner*, W. (FN 23), S. 203/4.

handelt; sie hängen zwar zusammen, es kommen jedoch auch unterschiedliche Gesichtspunkte zum Tragen.

Diesen beiden Entschädigungsformen steht die „reine Teilflächenentschädigung" entgegen, von der die Praxis bisher ausgeht. Läßt sie sich rechtfertigen (dazu in folg. II), so ist für Entschädigungen für Grundstücks- oder Besitzwertminderung kein Platz mehr.

b) Unzulässig ist eine „freie Wahl des Gutes, für welches Entschädigung geleistet wird": Die Ersatzleistung für die Belastung jeden eigentumswerten Gutes ist eine Rechtspflicht. Läßt sich bei einem Gut eine Wertminderung feststellen, so kann nicht auf Entschädigung für ein anderes ausgewichen werden.

Wenn sich Wertminderungen sowohl bei Restgrundstücken als auch für den Restbesitz erweisen lassen, so werden die entsprechenden Entschädigungen in aller Regel *nicht kumuliert* werden können: Kommt nach der Sachlage eine Minderung des Grundstückswertes in Betracht, so bedeutet dies, daß dieser Teil des Besitzes aus diesem herausgenommen und selbständig betrachtet wird. Er kann dann nicht zugleich gedanklich wieder als Einheit mit dem Restbesitz gesehen, und es kann nicht für dessen Gesamtminderung Ersatz verlangt werden.

Nebeneinander können diese drei Entschädigungsstufen jedoch insoweit stehen, als eine *allein* von ihnen in dem Fall, trotz grundsätzlicher Bejahung der anderen, zugrundegelegt werden kann, daß sich aus *tatsächlichen* Gründen andere Wertminderungen nicht nachweisen lassen. Wird etwa ein größerer Besitz durchschnitten, für den Besitzwertminderung verlangt wird, kann eine solche aber nicht festgestellt werden, so wird jedenfalls die Grundstückswert-, bei ihrer Unerweislichkeit Teilflächenentschädigung zu prüfen sein. In diesem Sinn stehen also die Entschädigungsformen zueinander im Verhältnis der *Subsidiarität nach tatsächlicher Feststellung* — wenn es all diese Formen gibt.

Die entscheidende Frage ist nun aber, ob es etwas anderes als die Teilflächenentschädigung überhaupt geben kann.

II. Grundsatz der Teilflächenentschädigung

1. Die Praxis der „Entschädigung pro qm der Schutzstreifenfläche"

a) Die Praxis der Rechtsprechung geht seit langer Zeit vornehmlich dahin, bei Durchschneidungen die qm-Zahl der Schutzstreifenfläche zu ermitteln, dafür den Bodenwert festzusetzen und von diesem einen gewissen Prozentsatz als Enteignungsentschädigung dem Betroffenen zu gewähren. In der Regel wird dabei eine Verkehrswertminderung von

II. Grundsatz der Teilflächenentschädigung

20 % zugrundegelegt[31], gelegentlich gewährt man 25 %[32], ausnahmsweise auch nur 15 %[33]. Auch bei Mastflächen und Nutzungsbehinderungsflächen wird regelmäßig auf diese konkrete Fläche abgestellt[34].

b) Eine nähere Begründung für diese Berechnungsform ist, soweit ersichtlich, in keinem Urteil auch nur versucht worden. Auch im Schrifttum wird nur unkritisch die Praxis der Gerichte referiert[35]. Die Entschädigung nach Teilflächen ist ganz offensichtlich ein derart traditioneller Maßstab, daß erstaunlicherweise Rechtfertigung wie Kritik gleichermaßen als unnötig erscheinen. Die Gerichte halten den Teilflächenberechnungsmodus anscheinend für so selbstverständlich, daß sie ihn meist nicht einmal mehr ausdrücklich erwähnen. Sie sprechen von Wertersatz für den Eingriff in „das Grundstückseigentum" — und erst aus ihrer konkreten Berechnung ergibt sich, daß sie nur von der Teilfläche ausgehen.

c) Die Teilflächenentschädigung von durchschnittlich 20 % ist unstreitig eine *Pauschalierung* der Ersatzleistung. Pauschalierungen sind als solche nicht unzulässig, denn sie geben, „in gewissem Umfang der Rechtsprechung die Möglichkeit, bei Ermittlung der Enteignungsentschädigung aus Zweckmäßigkeitsgründen, aus Gründen der Vereinfachung und der Praktikabilität auf Durchschnittsfälle, auf die Masse der Fälle abzustellen und deshalb verhältnismäßig geringfügige Unterschiede zu vernachlässigen und die Vielzahl der Einzelfälle in Fallgruppen zusammenzuziehen und damit zu generalisieren und zu schematisieren"[36]. In diesem Sinn ist jedoch nur die Setzung des Entschädigungsrahmens von 20—25 % begrifflich eine allenfalls zulässige Pauschalierung, nicht aber könnte diese eine durchgehende Teilflächenentschädigung als solche rechtfertigen, denn die Pauschalierung betrifft nie die Frage, für welches betroffene Gut Ersatz zu leisten ist[37]. Hier kann begrifflich gar nicht pauschaliert werden.

---

[31] Vgl. f. viele OLG Hamm RdL 1966, S. 164; OLG Hamm, RdL 1968, S. 270/1; OLG Nürnberg, RdL 1969, S. 295; OLG Hamm, NJW 1970, S. 816; OLG Hamm, RdL 1971, S. 305.
[32] OLG Hamm, RdL 1962, S. 81 geht von „20—25 %" aus.
[33] OLG Düsseldorf 18 U 116/67 v. 9.1.1969; von einem Rahmen von 15—25 % sprechen übrigens auch einige der FN 31 zitierten Urteile.
[34] Vgl. dazu *Hamerla*, H. (FN 5), S. 105 f.
[35] z. B. *Joachim*, H. (FN 9), S. 473: „Diese Bemessung erfolgt im allgemeinen nach m² Schutzstreifenfläche". Was nicht „allgemein" ist, wird nicht genannt.
[36] BGH NJW 1963, S. 1494.
[37] Dies zeigen die vom BGH a.a.O. aus seiner eigenen Rspr. angeführten Beispiele deutlich.

2. Die bisherige Teilflächenentschädigungspraxis schließt Grundstücks- oder Besitzwertentschädigung nicht aus

Die Praxis der Zubilligung einer Teilflächenentschädigung bei Grundstücksdurchschneidungen ist, soweit ersichtlich, nie ausdrücklich als eine unbedingt anzuwendende Entschädigungsnorm, ja nicht einmal als ein Grundsatz bezeichnet worden, der etwa „im Zweifel" zu gelten habe. Prinzipielle Bedenken gegen Grundstücks- oder Besitzwertentschädigung sind nie erhoben worden.

Immerhin aber bleibt die Tatsache beachtlich, daß bisher nahezu[38] ausschließlich Teilflächenentschädigung gewährt worden ist. Sie erklärt sich jedoch zwanglos aus der Natur der von den Gerichten zu entscheidenden Fällen (i. folg. a) und b)) sowie aus der Entwicklung des Entschädigungsrechts bei Durchschneidungen (i. folg. c), d)), die allerdings kritischer Beobachtung bedarf, damit nicht systemfremde Relikte früherer Dogmatik erhalten bleiben.

a) Die Bauerwartungsproblematik führt meist allein zur Teilflächenentschädigung. Die überwältigende Mehrzahl der im letzten Jahrzehnt höher- und höchstrichterlich entschiedenen Durchschneidungsfälle, bei denen die Urteilsbegründung bekannt ist, betreffen ein und denselben Sachverhalt, der geradezu als typisch angesehen werden kann: Landwirtschaftlich genützte Grundstücke werden durchschnitten. Die hierfür nach qm-Schutzstreifen gewährte Entschädigung genügt den Eigentümern nicht; sie behaupten, ihr Grund sei Bauerwartungsland und daher mehr wert.

In aller Regel bewegen sich also alle Argumentationen, auch die des entscheidenden Gerichts, im Bereich der *Bauerwartung*. Diese aber kann sich naturgemäß wertsteigernd nur auswirken, wenn man davon ausgeht, daß das betreffende Grundstück als solches, oder gar noch parzelliert, verkauft wird. Damit scheidet die Besitzwertentschädigung sogleich aus, weil sie ja das betroffene Grundstück nur im „größeren Besitzverbund" sieht. Aber auch die Grundstückswertentschädigung mit bezug auf die Wertminderung des Restgrundstücks braucht regelmäßig nicht erwogen zu werden. Das Grundstück wird gedanklich in zwei Teile zerlegt — der nicht überspannte bleibt wertmäßig unverändert, der andere sinkt durch die Überspannung im Wert. Nur letzteres braucht jedoch ersetzt zu werden, weil eine Wertminderung beim unbelasteten „Restgrundstück" meist gar nicht geltend gemacht wird, sich meist für den Bebauungsfall auch kaum beweisen ließe. Hier wäre dann das Restgrundstück eben auch nach seiner restlichen qm-Größe berechnet und verkauft worden.

---

[38] Über neuere Entwicklungen vgl. unten III.

II. Grundsatz der Teilflächenentschädigung

Nur in einem Fall ist also bei Bauerwartungsland überhaupt eine Grundstückswertentschädigung denkbar: Wenn sich etwa ein „abgeschnittener" oder verkleinerter Grundstücksteil nicht mehr so gut wie vorher zur künftigen Bebauung eignen sollte. Ein solcher Fall stand zwar zur Entscheidung an; wegen der Anträge der Parteien hatte das Gericht jedoch keine Gelegenheit, über diese Frage der Wertminderung des Restgrundstückes zu entscheiden[39]. In anderen Fällen wieder konnte gegenüber der Behauptung einer künftigen Baulandqualitätsverschlechterung des Restgrundstückes mit Erfolg eingewandt werden, die künftige Planung sei ja noch gar nicht voll zu übersehen, sie werde aber sicher auf die Leitungen Rücksicht nehmen und dazu bleibe ja bei deren Führung noch hinreichend Raum[40].

Teilflächenentschädigung allein war es also in den weitaus meisten Fällen, was die Kläger begehren konnten, wenn sie ihrem eigenen Vorbringen treu bleiben wollten, daß nämlich der durchschnittene Grund künftig Bauland sein werde. Die Gerichte waren hier schon an die Anträge gebunden, die nicht so sehr infolge einer Tradition, als vielmehr nach der Interessenlage auf Teilflächenentschädigung hinaus laufen mußten. Aus diesem Grund sind aber auch alle diese Entscheidungen nicht beweiskräftig gegen die Möglichkeit, bei anderer Interessenlage für die Minderung des Restgrundstücks oder gar des Restbesitzes Ersatz zu verlangen. Selbst bei Bauerwartungsland kann es durchaus Fälle geben, in denen eine dieser beiden Entschädigungsberechnungen allein angebracht ist — so etwa bei den schon erwähnten Fällen der Baumöglichkeitsverschlechterung für das Restgrundstück oder dann, wenn durch die Durchschneidung die Möglichkeit verloren geht, auf dem Gesamtbesitz gewisse größere Gebäudekomplexe oder Siedlungen in bestimmter Weise zu errichten.

Bei Bauerwartungsland wird also die Teilflächenentschädigung die Regel bleiben, die anderen Entschädigungen sind jedoch keineswegs ausgeschlossen.

b) *Bei landwirtschaftlich genutzen Grundstücken steht naturgemäß die Teilflächenentschädigung im Vordergrund.* Die entschiedenen Fälle betrafen fast durchwegs landwirtschaftlch genutzte Flächen; hier spielt der Wert des „geschlossenen", arrondierten Besitzes meist nicht dieselbe Rolle wie in der Forstwirtschaft, für die aber Entschädigungsfragen bisher nicht oder nur am Rande erörtert worden sind[41]. Bei landwirt-

---

[39] LG Dortmund, RdL 1970, S. 74; hier hatte eine Durchschneidung ein Grundstück so ungünstig getroffen, daß festzustellen war, daß „die überspannte Fläche *und das restliche Dreieck* von Bauerwartungsland auf Agrarland zurückgestuft wurden".
[40] z. B. OLG Hamm, RdL 1963, S. 304; OLG Hamm vom 27.6.1969, 9 U 100/65 (unveröff.).

24   A. Ersatzfähigkeit der Wertminderung

schaftlichen Grundstücken aber, bei denen die Baulanderwartung nicht anzunehmen ist, wird eben noch allenfalls über die Verringerung des Ertragswertes, über die Erschwerung der Bewirtschaftung[42] Streit herrschen. Dies aber läßt sich meist noch durch Teilflächenentschädigung abgelten, und es betrifft auch meist die überspannte, nicht aber die Restfläche.

Wiederum war es also die Natur der beeinträchtigten Grundstücke, welche die Teilflächenentschädigung nahelegte. Die Entschädigungsberechnung in all diesen Fällen ist grundsätzlich nicht zu beanstanden; aber sie schließt eben durchaus nicht die Grundstückswert- oder die Besitzwertentschädigung aus, was die Gerichte auch nie ausgesprochen haben.

Aus der fallbegründeten und zutreffenden Praxis der Gerichte kann also kein „Rechtsgrundsatz der durchgehenden Teilflächenentschädigung bei Durchschneidungen" abgeleitet werden.

c) *Bei der Teilflächenentschädigung für Durchschneidungsschäden wirken Vorstellungen der heute nicht mehr entschädigungsgerechten früheren „Anerkennungsgebühr" nach.*

Entschädigung für Leitungen wurden seit dem Beginn der dreißiger Jahre meist in Form einer sog. „Anerkennungsgebühr" gewährt. Pro qm wurden dabei Beträge zwischen 0,02 und 0,05 Mark angesetzt[43]. Derartige Beträge wurden von den Gerichten noch nach 1945, bis in die sechziger Jahre hinein zugrundegelegt[44], obwohl sie inzwischen, angesichts der gestiegenen Grundstückspreise, in keiner Weise mehr einen Ersatz für die erlittenen Benachteiligungen bieten konnten. Auf die Notwendigkeit von Korrekturen an solchen Fällen sind dann übrigens zahlreiche OLG- und BGH-Entscheidungen zurückzuführen, welche noch in den vergangenen Jahren ergangen sind.

Die „Anerkennungsgebühr" hat zwar das Leitungs-Entschädigungsrecht nicht ausschließlich[45], aber doch so stark geprägt, daß sie als die herkömmliche, „normale" Form der Ersatzleistung erscheinen konnte. Sie wurde jedoch ausschließlich auf Grund der qm-Zahl der Schutz-

---

[41] Siehe etwa *Hamerla*, H. (FN 5), S. 107; ein Fall, in dem dies aber eine Rolle spielte und wo auch sogleich auf den „arrondierten Besitz" hingewiesen wurde, findet sich in OLG Köln 4 U 199/71 vom 21.11.1972 (unveröff.).

[42] Dazu etwa *Gieseke*, P. (FN 4), S. 118; *Hamerla*, H. (FN 5), S. 106; *Balkenholl*, H., *Bewer*, C. (FN 10), S. 149; *Dittus*, W. (FN 7), S. 723; *Foag*, A., RdL 1964, S. 52.

[43] Vgl. dazu näher *Joachim*, H. (FN 9), S. 474; *Frohberg*, G. (FN 7), S. 2007; *Fleer*, W., RdL 1963, S. 284; *Dittus*, W. (FN 7), S. 722.

[44] Siehe die von *Joachim*, H., a.a.O. zit. Urteile.

[45] Vgl. die von *Frohberg*, G., a.a.O. zit. Urteile, welche z. T. weit höhere Entschädigungen zugesprochen haben.

II. Grundsatz der Teilflächenentschädigung

streifenfläche festgesetzt, sie war insofern eine Art von „Teilflächenentschädigung". Einleuchtend ist es daher, daß die Richter, an die Anwendung dieser Berechnungsart gewohnt, sich immer wieder an der Wertminderung der überspannten Teilfläche orientiert haben. Der BGH hatte selbst gegenüber höheren Gerichten erhebliche Mühe, das Denken in „Anerkennungskategorien" zu brechen.

Diese Form einer Ersatzleistung aber war von Anfang an, und nicht erst seit dem Ansteigen der Grundstückspreise, sie war grundsätzlich dogmatisch unzulässig. „Das Wort selbst ist sehr alt und stammt aus der Zeit vor dem Inkrafttreten des BGB. Als regelmäßig wiederkehrend hatten die so bezeichneten Zahlungen die Aufgabe, bei gestatteten Benutzungen Rechtsverluste der Rechtsinhaber durch Verjährung auszuschließen. Seit der Einführung der Unverjährbarkeit der dinglichen, im Grundbuch eingetragenen Rechte ist diese Funktion entfallen[46]."

Ins Entschädigungsrecht hat also die Anerkennungsgebühr nie gepaßt. Man hat sie zwar später als Form der Entschädigung gedeutet[47], doch sie war ihrem Wesen nach eben etwas ganz anderes: ein Zeichen dafür, daß die überspannte Fläche nicht etwa dem Versorgungsunternehmen gehören sollte. Andernfalls hätte sich diese vergleichsweise geringfügige Steigerungsspanne von 0,02 bis 0,05 Mark schon früher nicht rechtfertigen lassen; den Unterschieden der Bodenpreise war sie nie auch nur in etwa angepaßt. Daß sie sich überhaupt dem Entschädigungsrecht zeitweise hat zuordnen lassen, liegt daran, daß in der Weimarer Zeit der Enteignungscharakter der Belastungen noch nicht mit hinreichender Klarheit erkannt, daß eine solche in der NS-Zeit gar nicht gesucht und auch nach 1945 nicht sogleich gefunden wurde.

Ab 1959 allerdings gibt es keinen Zweifel mehr: Die ständige Rechtsprechung, geführt vom BGH, erkennt die „Anerkennungsgebühren" im Recht der Durchschneidungen nur mehr insoweit an, als weder eine Minderung der Ertragswerte, noch eine solche der Verkehrswerte vorliegt, wenn also überhaupt keine Wertminderung eingetreten ist[48]. Damit aber hat sie im Entschädigungsrecht als solchem überhaupt keinen Platz mehr.

Gerichte und Verbände sollten daher künftig genau prüfen, ob die Selbstverständlichkeit, mit welcher Parteien Anträge auf Teilflächenentschädigung stellen und dementsprechend nach der Zahl der überspannten qm des Schutzstreifens entschädigt wird, letztlich nicht nur eine gedankliche Nachwirkung der „Anerkennungsgebühr" darstellt.

---

[46] *Dittus*, W., a.a.O.
[47] So etwa *Joachim*, G., a.a.O.
[48] So der BGH im Grundsatzurteil vom 9. 11. 1959, WM 1960, S. 73 unter Hinweis auf *Nordalm*, RdL 1958, S. 113/4; vgl. ferner etwa OLG Hamm, RdL 1963, S. 305.

Eine solche aber dürfte der Zubilligung von Grundstückswert- oder Besitzwertentschädigungen nicht entgegen stehen.

d) *Teilflächenentschädigung war vor allem das Ergebnis einer früheren, heute aufgegebenen Betrachtungsweise, welche auf den Ertragswert, nicht auf den Verkehrswert abstellte. Auch sie könnte noch nachwirken.*

Die bedeutsamste Neuentwicklung im Recht der Entschädigung für Durchschneidungsschäden[49] liegt darin, daß man früher grundsätzlich vom Ertragswert der betroffenen Grundstücke ausging[50], während seit etwa 15 Jahren eindeutig der Verkehrswert geprüft und für seine etwaige Minderung Ersatz zugebilligt wird[51]; dies gilt selbst für eine rein landwirtschaftlich genutzte Fläche[52]. Der dafür immer wieder überzeugend angeführte Grund liegt darin, daß es ja zum Wesen der Entschädigung gehöre, dem Betroffenen einen wirklichen Wertausgleich (BGH) zu schaffen, ihm also die Möglichkeit zu eröffnen, sich für den entzogenen Wert vollen Ersatz zu beschaffen. Dies aber vermag er in unserem Wirtschaftssystem praktisch nur auf dem Markt; deshalb kann allein vom Verkehrswert des belasteten Gegenstandes ausgegangen und nach ihm die Wertminderung berechnet werden.

Bei der früheren Berechnung nach dem Ertragswert stand naturgemäß die überspannte Teilfläche im Vordergrund. Hier wurde die Bewirtschaftung erheblich erschwert, hier konnte der Ertrag zurückgehen. Bei dem Restgrundstück mochte dies gelegentlich auch der Fall sein[53], es hielt sich jedoch in der Regel in engen Grenzen und ließ sich praktisch durch Entschädigung für die Teilfläche mit abgelten. Die Teilflächenentschädigung ist also eine typische, ja praktisch ausschließliche Berechnungsart dort, wo man vom Ertragswert ausgeht.

Anders im Fall des *Verkehrswertes*. Hier geht es darum, welches Gut (gegebenenfalls später) getrennt verkauft werden kann oder wird; denn nur in diesem Fall darf überhaupt nach dem Verkehrswert gefragt

---

[49] Dazu allg. *Fleer*, W. (FN 43), a.a.O.

[50] Die Argumentation der E-Werke, wie sie etwa noch 1963 von *Joachim* (NJW, S. 473 ff.) vorgetragen wurde, lief stets darauf hinaus, daß eine Ertragswertminderung durch die Leitungen nicht bewirkt werde, weil diese entweder unterirdisch verlegt seien und damit die Kulturen kaum behinderten oder so hoch gespannt seien, daß sich, von geringfügigen Masthindernissen abgesehen, wiederum keine Schwierigkeiten ergeben könnten. Vgl. dazu die bei *Hamerla*, H. (FN 5), S. 107 zit. Entscheidungen.

[51] Ganz h. Lehre und Rspr., vgl. etwa BGH WM 1960, S. 73; BGH RdL 1967, S. 242; OLG Hamm RdL 1962, S. 82; OLG Köln RdL 1963, S. 158; sowie u. a. *Frohberg*, G. (FN 7), S. 2006/7; *Balkenholl*, H., *Bewer*, C. (FN 9), S. 147 f.; *Wagner*, H. (FN 14), S. 203.

[52] Vgl. etwa OLG Hamm, RdL 1963, S. 74.

[53] Im Schrifttum (vgl. FN 42) wird denn auch am Rande darauf hingewiesen.

II. Grundsatz der Teilflächenentschädigung

werden. Dies mag zwar die Teilfläche sein, die überspannt ist, jedenfalls in der Art, daß sie zusammen mit einem bestimmten Grundstücksteil, als bestimmbarer Annex desselben (etwa als Bauland), veräußert wird. Die Teilfläche hat dann auch, mag sie auch nur zusammen mit einem unbelasteten Grundstücksteil veräußert werden, als solche, für sich einen einigermaßen bestimmbaren, isolierten Verkehrswert. Die Verkehrswertberechnung schließt also die Teilflächenentschädigung keineswegs aus. Geht man aber vom Verkehrswert aus, so ist Teilflächenentschädigung nicht die einzige Möglichkeit, theoretisch-dogmatisch ist sie sogar die Ausnahme (mag sie auch durch Baulandfälle praktisch zur Regel werden): *An sich* müßte doch stets die Wertminderung dessen bestimmt werden, was ein „besonnener Eigentümer" im „gesunden Grundstücksverkehr" auch „zusammen" veräußern würde. Dies aber ist in aller Regel die belastete Teilfläche *zusammen* mit dem Restgrundstück, nicht selten zusammen mit einem ganzen Besitz.

Der Übergang vom Ertragswert zum Verkehrswert als Grundlage der Entschädigungsberechnung hat also dogmatisch-grundsätzlich zur Folge, daß nunmehr prinzipiell nicht mehr von der Teilfläche, sondern vom Gesamtgrundstück oder gar vom Besitz ausgegangen werden muß[54], denn auf ihnen liegt die eigentliche Wertminderung. Das Entschädigungsrecht kann nicht gedanklich in einer Weise das Grundeigentum zerstückeln, welche in der Wirklichkeit nie vorkommen würde. Für Teilflächen darf dort nicht entschädigt werden, wo ihr Preis nie isoliert auf dem Markt bestimmt werden würde.

Obwohl also die „Neuorientierung" des Leitungs-Entschädigungsrechts „eigentlich" „von der Teilfläche hätte wegführen sollen, hin zum Grundstück, zum Gesamtbesitz", ist durchaus anzunehmen, daß die Rechtsprechung sich dieser dogmatischen Folgerungen noch nicht voll bewußt ist und daher gelegentlich noch mit unkritischer Selbstverständlichkeit von einer Teilflächenentschädigung ausgeht, welche mit der Grundlage des Ertragswertes *grundsätzlich* jedenfalls aufgegeben werden sollte.

Ergebnis: Aus all diesen Gründen bedeutet die bisherige nahezu lückenlose Praxis der Teilflächenentschädigung nicht, daß die Grundstückswert- oder Besitzwertentschädigung durch einen Rechtssatz des Entschädigungsrechts absolut oder auch nur in der Regel ausgeschlossen wäre: Frühere Vorstellungen mögen noch nachwirken, und für viele, vor allem für Baulandfälle, mag auch die bisherige Praxis beibehalten werden. Die Rechtsprechung als solche ergibt jedoch nichts gegen die anderen Berechnungsformen der Entschädigung, ja sie legt diese, durch den Übergang zum Verkehrswert, sogar nahe.

---

[54] Auf diesen Zusammenhang macht *Bruns,* H., Verkehrsminderung des Rechtsbetriebes, RdL 1970, S. 8/9 aufmerksam.

Steht also die Judikatur nicht entgegen, so gilt es nun, darüber hinaus und getrennt für Grundstückswert und Besitzwert, zu prüfen, ob nicht überwiegende Gründe für diese Berechnungsformen, jedenfalls für ihre grundsätzliche Anerkennung sprechen.

III. Zulässigkeit der Grundstückswertentschädigung

Grundstückswertentschädigung wird häufig grundsätzlich abgelehnt. Ein Beispiel dafür bietet der Erlaß des Bundesministers für Verkehr[55] vom 4. 1. 1962:

„Mit der Gewährung der Entschädigung für die beanspruchten Flächen und der Nebenentschädigungen hat der Bund die gestörte Vermögenslage wieder hergestellt, so daß für die Eigentümer kein Vermögensschaden mehr besteht. Der Forderung einer zusätzlichen Entschädigung für Verkehrswertminderung des Restbetriebes kann deshalb nicht entsprochen werden."

Hier wird nicht nur die Besitzwert-, sondern auch die Grundstückswertentschädigung abgelehnt.

Demgegenüber ist zu betonen:

Die Grundstückswertentschädigung ist nach geltendem Recht nicht nur insoweit *zulässig*, als sich eine Wertminderung des Restgrundstückes nachweisen läßt, sie *muß* in diesem Fall gewährt werden; liegen ihre Voraussetzungen vor, so ist in der Regel eine andere Berechnungsform der Entschädigung gar nicht zulässig[56]. Dafür sprechen entscheidend vor allem folgende Gesichtspunkte:

1. Enteignungsgesetzliche Regelungen der Grundstückswertentschädigung

Die geltenden Enteignungsgesetze fordern, z. T. ausdrücklich, die Grundstückswertentschädigung. Dafür nur zwei wichtige Beispiele:

a) Nach § 8 Abs. II des Preußischen Enteignungsgesetzes von 1874 muß für den Fall, daß nur ein Teil des Grundstückes in Anspruch genommen wird, zugleich für den Minderwert entschädigt werden, welcher für den übrigen Grundbesitz durch die Abtretung entsteht. Zu diesem übrigen Grundbesitz gehört in erster Linie das Restgrundstück, das ja in einem besonders engen Zusammenhang mit der belasteten Teilfläche steht. Grundstückswertentschädigung ist also enteignungsgesetzlich vorgeschrieben.

b) Bei Enteignung von *bebauten Teilflächen* kann der Eigentümer von der Enteignungsgewalt verlangen, daß sie auch das Restgrundstück übernehme (§ 92 Abs. III BBauG). Das Gesetz unterstellt hier den engen

---
[55] Zit. von *Bruns*, H., a.a.O.
[56] Vgl. oben I, 6.

Zusammenhang der Teilfläche und des Restgrundstücks und zieht daraus Folgerungen für das letztere. Wenn aber sogar die Übernahme des Restgrundstücks verlangt werden kann, so darf a fortiori Entschädigung für seine Wertminderung gefordert werden. Mit Recht wird daher für den Fall, daß der Eigentümer das Restgrundstück behält, von „den zu entschädigenden (Teil-)Gebäudekosten einschließlich des Minderwertes des Restbesitzes" gesprochen[57].

2. Grundstückswertentschädigung nach dem GG als grundsätzlich allein zulässige Form der Wertminderungsberechnung

Diesen gesetzlichen Regelungen steht das GG nicht entgegen — im Gegenteil: Es fordert grundsätzlich den Grundstückswertausgleich.

a) Nach Art. 14 Abs. III GG ist grundsätzlich für die Beeinträchtigung jedes vermögenswerten Gutes Ersatz zu leisten. Vermögenswertes Gut ist jedenfalls das, was das bürgerliche Recht als wirtschaftlich *verwertbare* Sache ansieht, und zwar in der Abgrenzung, welche das Privatrecht eben diesen Sachen zuteil werden läßt. Insoweit entspricht die Begrifflichkeit des BGB der des GG.

Die „beeinträchtigte Sache" ist also nach BGB und GG nicht etwa „die Schutzstreifenfläche" als solche, wenn diese nicht ausnahmsweise gerade ein „Grundstück" i. S. des Grundbuchrechts darstellt, sondern das Gesamtgrundstück, also Teilfläche + Restgrundstück. Da aber „Sache" nicht die zufällig belasteten qm des Grundstückes, sondern dieses selbst ist, darf nach Art. 14 Abs. III GG nur für die Wertminderung des Gesamtgrundstückes Ersatz geleistet werden.

Dem steht nicht entgegen, daß die Dienstbarkeitsbelastung sich bei Teilung des Gesamtgrundstücks, durch welche etwa der Schutzstreifen selbständig würde, auf diesen allein beschränkt, das Restgrundstück also frei wird (§ 1090 Abs. II i. Verb. m. § 1026 BGB). Dem Eigentümer kann nämlich nicht zugemutet werden, eine solche Parzellierung sogleich durchzuführen, ganz abgesehen davon, daß sie ihm gerade wirtschaftliche Nachteile bringen könnte. Umgekehrt ist ja nach der Rechtsprechung auch der Enteignende nicht zu solcher Parzellierung gezwungen[58].

b) Die Teilflächenentschädigung kann daher überhaupt nur als *besonderer* Berechnungsmodus der Entschädigung insoweit zulässig sein, als sich die Teilfläche vom Restgrundstück wirtschaftlich isolieren läßt[59]. Sie bedeutet aber „im Zweifel" keine „Abgeltung der Wertminderung

---

[57] *Gelzer*, K., Der Umfang des Entschädigungsanspruchs aus Enteignung und enteignungsgleichem Eingriff, München 1969, S. 262.
[58] LVG Münster U v. 9.11.1951, zit. bei *Joachim*, H. (FN 9), S. 476.
[59] Dazu näher bereits oben II, 2 a.

des Gesamtgrundstücks". Dazu wäre sie *ja generell ungeeignet,* weil das betroffene Restgrundstück mehr oder minder groß sein kann, so daß sich die Wertminderung gar nicht immer ausgehend von der Teilfläche erfassen läßt.

Es ist also gerade umgekehrt als es nach der bisherigen Praxis erscheinen mag: *Grundsätzlich stets Grundstückswertentschädigung, nur ausnahmsweise, aus besonderen Gründen, Teilflächenentschädigung.*

c) Die Grundstückswertentschädigung entspricht schließlich allein dem grundgesetzlichen Gebot des „vollen", des *„wirklichen"* Wertersatzes. Der betroffene Eigentümer kann seinen Durchschneidungsverlust nicht etwa dadurch wettmachen, daß er sich eine „neue Teilfläche beschafft und diese in sein zerteiltes Grundstück „einfügt"; das Gesamtgrundstück ist beeinträchtigt, nur für dieses kann er sich Ersatz beschaffen — etwa indem er es verkauft und sich ein anderes, gleichwertiges auf dem Markt besorgt. Dabei wird allerdings vorausgesetzt, daß der Enteignete sich im Einzelfall wirklich einen gleichwertigen Gegenstand wieder beschaffen könnte oder wollte. Dann aber soll er den Wert des Genommenen erhalten[60], also den des Grundstücks.

3. Grundstückswertentschädigung als Prinzip der gesamten bisherigen Rechtsprechung zur Teilflächenentschädigung

Die ganze bisherige Rechtsprechung in Durchschneidungsfällen will ausdrücklich stets Entschädigung für die Belastung, für die Wertminderung „des Grundstücks" gewähren[61] — selbst wenn sie diese dann auf Grund der Schutzstreifenfläche berechnet. Das Prinzip der Grundstückswertentschädigung als solches wird also nirgends in Zweifel gezogen, die Teilflächenentschädigung erscheint lediglich als Berechnungsmodus. Stets wurde das Grundstück als eine Einheit betrachtet[62]. Die Entschädigung schließt also „auch bereits die Regulierung einer etwa geltend gemachten Wertminderung am Restgrundstück ein, wenn die für die Entschädigung maßgebende, im Subtraktionswege oder durch direkte Feststellung zu ermittelnde Wertdifferenz auf das Grundstück als solches bezogen wird"[63].

Allerdings werden eben häufig Grundstück und Schutzbereich nicht klar getrennt[64], woraus sich viel Streit um die Entschädigung ergeben

---
[60] BGH NJW 1963, S. 1492 m. Nachw.
[61] So laufend der BGH, vgl. etwa BGH RdL 1963, S. 75 („die Beeinträchtigung, die die Grundstücke des Beklagten erlitten haben") und die OLGe, vgl. etwa OLG Hamm, RdL 1971, S. 303 („Die Ermittlung der Enteignungsentschädigung macht hier zunächst die Ermittlung des Wertes des in Anspruch genommenen Grundstücks erforderlich").
[62] Sehr deutlich etwa in einem unveröff. Urteil des OLG Hamm vom 14. 7. 1961.
[63] *Dittus,* W. (FN 7), S. 721.

III. Zulässigkeit der Grundstückswertentschädigung

hat. „Der irrige Eindruck entsteht aus der Verwechselung zwischen Grundstück und Schutzbereich. Im Wert betroffen ist das Grundstück. Als Bewertungshilfe benutzt man den Schutzstreifen, und dafür eben reichen die Zuschläge von 25 oder 50 % nicht aus[65]."

Die Rechtsprechung hat also das Prinzip der Grundstückswertentschädigung bereits seit langem voll implizit anerkannt. Sie trennt es nur gelegentlich nicht hinreichend von der Teilflächenentschädigung als Berechnungsmodus der Grundstückswertentschädigung.

4. Ausdrückliche Anerkennung der Grundstückswertentschädigung in der Rechtsprechung

Die Rechtsprechung hat in den letzten Jahren das Problem des Verhältnisses von Grundstückswertentschädigung und Teilflächenentschädigung bereits klar erkannt und sich teilweise ausdrücklich und eindeutig für diese ausgesprochen:

— Das OLG Hamm meint bei der Beurteilung der Frage, ob aus einer zweiten Leitung eine wertmindernde Kumulationswirkung entstehe, dies sei dann zu verneinen, wenn „die Nutzbarkeit der übrigen Grundstücksfläche nicht beeinträchtigt wird ... Die Verwertung oder Benutzung der übrigen Grundstücksfläche ist durch die zweite Leitung nicht beeinträchtigt"[66].
— Das LG Dortmund prüft, ob ein abgeschnittenes „Restdreieck" nicht wertmindernd von der Entwicklung zu einer höherstufigen Nutzung ausgenommen sei[67].
— Der BGH hat ausgesprochen: Wird nur ein unbebaubarer Teil enteignet, so „ist der angemessene Wert des Teilgrundstücks in aller Regel in der Weise zu ermitteln, daß der Wert des Gesamtgrundstücks vor der Enteignung festgestellt und dieser Wert dem Wert des dem Eigentümer verbleibenden Grundstücks gegenüber gestellt wird, wie er sich unter Berücksichtigung der Vor- und Nachteile, die sich aus der Enteignung für das Restgrundstück ergeben, ergibt"[68].
— Das OLG Köln hat in einem Urteil aus neuester Zeit entschieden: „Schließlich überschneidet sich die hier behandelte Minderung auch

---

[64] Ein typisches Beispiel bietet OLG Düsseldorf 18 U 116/67 vom 9.1.1969. Hier war von der Partei korrekt Entschädigung für die Wertminderung des ganzen Grundstücks verlangt worden, das Gericht geht eindeutig bei der Berechnung von der Schutzstreifenfläche aus.
[65] So zutr. *Bewer*, C., Umstrittene Entschädigungsfragen, RdL 1968, S. 170.
[66] OLG Hamm NJW 1970, S. 817.
[67] LG Dortmund RdL 1970, S. 73/4.
[68] BGH WM 1958, S. 78; BGH U. v. 25.2.1960, III ZR 27/59 zit. b. *Kröner*, H., Die Eigentumsgarantie in der Rspr. d. BGH, Köln 1961, S. 81. Siehe zum erstgenannten Urteil näher unten 5.

nicht mit der Entschädigung für den Bodenwert. Denn die letztere ist nur ein Ersatz für den Verlust des hergegebenen Grundstücksteils, während die hier angesprochene Entschädigung einen Ersatz für die Minderung des verbleibenden Grundstücksanteils darstellt. Diese Minderung ist mithin ersetzbar[69]."

— Das OLG Hamm hat, soweit ersichtlich, erstmals 1969 eine Entschädigungshöhe von etwa 20 v. H. des Verkehrswertes der belasteten Grundstücke zugesprochen[70]. Mit Recht wurde darin eine Wende der Rechtsprechung gesehen — „in dem entscheidenden Übergang von der Schutzstreifenfläche auf die gesamte Grundstücksfläche des belasteten Grundstücks unter Beibehaltung des bisher üblichen Hundertsatzes 20 bezogen auf den Grundstückswert"[71].

— Das LG Münster hat übrigens, soweit feststellbar, als erstes Gericht das Problem schon 1960 klar erfaßt[72]. Es führt aus:

„Was nun die Frage betrifft, ob und in welchem Maße der Verkehrswert der beiden betroffenen Grundstücke des Klägers infolge der Eigentumsbeschränkung beeinträchtigt worden ist, so ist zunächst grundsätzlich festzuhalten, daß diese in der Form einer Dienstbarkeit grundbuchlich gesicherte Eigentumsbeschränkung jeweils auf dem gesamten Grundstück lastet, der Rechtsverlust also jeden einzelnen Quadratmeter der gesamten Grundstücksfläche betrifft, während die tatsächlichen Auswirkungen der Belastung mehr oder weniger auf den Schutzstreifen, innerhalb dessen die Wasserleitung verlegt ist, beschränkt bleiben. Der Sachverständige S. hat in seinem Gutachten mit Recht darauf hingewiesen, daß die verkehrsmindernde Bedeutung der Eigentumsbeschränkung in bezug auf die gesamte Grundstücksfläche wesentlich von dem Ausmaß und der Lage der tatsächlich von der Baubeschränkung betroffenen Grundstücksteilfläche abhängig ist. Dabei wird die Wertminderung des Gesamtgrundstücks um so größer sein, je größer die tatsächlich in Anspruch genommenen Flächenteile im Verhältnis zur Gesamtfläche sind." (Im vorliegenden Fall waren diese Teilflächen nicht groß), „so daß es nicht ohne weiteres angängig erscheint, die etwaige Verkehrswertminderung dieser Teilflächen ziffermäßig der effektiven Wertminderung des gesamten Grundstücks gleichzusetzen". Dies geschieht dann allerdings, wegen der besonderen Lage des Schutzstreifens, im entschiedenen Fall doch.

Diesen Ausführungen ist nichts hinzuzufügen.

5. Kein Grundsatz der Beschränkung auf Teilflächenentschädigung in der Rechtsprechung

In einem Überblick über die Bemessung der Enteignungsentschädigung nach der Rechtsprechung des BGH schreibt Pagendarm:

---

[69] OLG Köln, 4 U 199/71 vom 21. 11. 1972 (unveröff.).
[70] OLG Hamm Urt. v. 27. 6. 1969 — 9 U 100/65 — unveröff.
[71] Foag, A., in einer Anm. zum zit. Urteil in: Rechtsmappe d. Bay. Bauernverbandes 740 Leitungsrechte (11. 7. 1972), S. 13.
[72] 4 O 184/50 v. 18. 11. 1960 (unveröff.).

III. Zulässigkeit der Grundstückswertentschädigung

„Bei der durch das Überleitungsrecht eintretenden Wertminderung ist, selbst wenn die in Anspruch genommene Fläche nur einen geringen Teil der Grundstücksfläche darstellt, nicht auf die Beeinträchtigung des Wertes der Gesamtgrundstücksfläche, sondern auf die der betroffenen Schutzstreifenfläche abzustellen (Urt. v. 13. 12. 63 — III ZR 97/61)[73]."

Das Urteil ist bereits 1962 ergangen; sie wird hier nicht richtig leitsatzmäßig zusammengefaßt.

Eine Aussage wie die von Pagendarm referierte enthält das Urteil, jedenfalls soweit es veröffentlicht worden ist, nicht[74]. Es handelt sich hier um einen der üblichen Baulanderwartungsfälle. Die Minderung wurde daher, wie es damals üblich war und weithin noch heute üblich ist, nach dem Teilflächenwert berechnet. Demgegenüber wies die Revision auf ein früheres BGH-Urteil hin[75], in dem die Entschädigungsberechnung nach dem Gesamtwert des betroffenen Grundstücks erfolgt war, und sie verlangte entsprechende Berechnung in ihrem Fall. Der BGH wies dies zurück: In dem früheren Fall sei ein Vorgartengelände überspannt worden, dessen Wert in keinem Verhältnis zu dem qm-Preis des bebauten Restgrundstückes gestanden habe. Die belastete Vorgartenfläche habe also nicht nach einem einheitlichen Durchschnittspreis pro qm des gesamten Grundstücks berücksichtigt werden können. Gerade dies aber sei nun im vorliegenden Falle möglich, weil das Grundstück in etwa gleichmäßig verwertbar sei.

Daraus ergibt sich aber nicht das von Pagendarm Behauptete, sondern gerade das Gegenteil: Der BGH distanziert sich nicht von der Grundstückswertentschädigung, die er 1957 zugesprochen hatte. Er wendet lediglich diese Berechnungsform im vorliegenden Fall nicht an, weil bei gleichwertiger Fläche und aus der Sicht der Baulanderwartung die Teilflächenberechnung ihm möglich und daher angebracht erschien. Die Gründe für diese Praxis in Baulandfragen sind oben bereits ausführlich dargelegt worden[76]. Teilflächenentschädigung wird eben in dem Bauland-Regelfall gewährt, in dem das belastete Grundstück auch zu einem gleichmäßigen qm-Preis verwertet und im ganzen durch die Überspannung in seiner Baulandqualität nur quantitativ, nicht qualitativ beeinträchtigt wird. Sobald dies aber nicht mehr der Fall ist, der Teilflächenpreis also nicht als quantitativer Durchschnitt aus einer teilbaren, gleichartigen Gesamtfläche erscheint — dann muß eben, wie im Urteil von 1957, nach Gesamt-Grundstückswert entschädigt werden[77].

---

[73] Bemessung der Enteignungsentschädigung nach der Rechtsprechung des BGH, WM, Sonderbeilage 5/1965, U. v. 30. 10. 1965, S. 20.
[74] RdL 1963, S. 75/6.
[75] WM 1958, S. 78.
[76] Vgl. oben II 1 a.
[77] So richtig Kröner, H. (FN 68), S. 82.

Das BGH-Urteil zeigt im übrigen auch eindeutig, daß es die Grundstückswertentschädigung prinzipiell zugrunde legt. Es weist die Revision auch in einem anderen Punkt zurück: Es war gerügt worden, in einem angeblich ähnlich gelagerten Fall sei der objektive Wert des *Gesamtgrundstücks* durch die Beschränkungen infolge der Überspannung nicht herabgesetzt worden; also sei eine derartige Prüfung auch hier anzustellen. Darauf antwortet der BGH nicht etwa so, wie es dem von Pagendarm gebildeten Leitsatz allein entsprochen hätte, daß nämlich hier von der Teilfläche auszugehen und das zitierte Vergleichsurteil bedenklich sei. Er begründet vielmehr die Unvergleichbarkeit damit, daß „im vorliegenden Fall die Überspannung ... das Grundstück weit ungünstiger, da nicht nur am Rande, behindert". Damit geht er selbst vom Wert des Gesamtgrundstücks implizit aus und bestätigt auch die entsprechende Betrachtungsweise des Vergleichsgerichts. Schließlich spricht das Urteil laufend von Beeinträchtigungen, welche „die Grundstücke des Beklagten" erlitten hätten.

Der Leitsatz kann also nicht so lauten, wie er von Pagendarm formuliert worden ist, sondern allenfalls wie folgt: „Bei der durch das Überleitungsrecht eintretenden Wertminderung ist die Entschädigung nach der überspannten Teilfläche zu bestimmen, soweit ein Durchschnittsverkehrswert pro qm für das Gesamtgrundstück gebildet werden kann und der Verkehrswert der Teilfläche diesem entspricht. Voraussetzung ist jedoch, daß für das Gesamtgrundstück durch die Überspannung eine quantitativ meßbare, auf der überspannten Teilfläche liegende Verkehrswertminderung feststellbar ist. Davon ist im allgemeinen bei Bauerwartungsland auszugehen." Ein solcher Grundsatz steht dann aber der Grundstückswertentschädigung nicht entgegen.

6. Teilflächenentschädigung ist nur Ausdruck einer „Meistbegünstigung" im Eigentumsrecht, die Grundstückswertentschädigung nicht ausschließt

Das unter 5. erwähnte Urteil hat die Teilflächenentschädigung nicht gegen die Interessen des Eigentümers, sondern zu dessen Gunsten festgesetzt. Dies geschieht häufig, wenn auch meist unausgesprochen. Die Enteignungsgewalt wendet ein, die Überspannung beeinträchtige das Grundstück, wenn man es im ganzen sehe, überhaupt nicht nennenswert. Deshalb sei nicht auf die Teilflächen abzustellen. In der Tat wird sich nun häufig eine Grundstückswertminderung schwerer feststellen lassen als eine Teilflächenwertminderung. Es liegt daher in der eigentumsfreundlichen Gesamtlinie der Rechtsprechung, wenn sie in der Regel zur Teilflächenentschädigung greift[78]. Es würde aber der Grundstim-

---
[78] Ähnlich etwa OLG Hamm RdL 1962, S. 82 für die Besitzwertminderung.

mung dieser Judikatur widersprechen, wollte man Teilflächenentschädigung in jedem Fall, also auch dann zubilligen, wenn dies den schutzwürdigen Interessen des Betroffenen nicht gerecht wird. Die Teilflächenentschädigung ist eine Wertberechnungsmethode zum Schutz des Eigentums, nicht eine selbstwertige Norm an sich.

Die Gerichte verstehen sie auch mit Recht so und wenden sie in diesem eigentümerfreundlichen Sinn an: Im Grundeigentum liegen eben verschiedene künftige Verwendungsmöglichkeiten schon heute sichtbar begründet. Insbesondere kann es ungeteilt oder weiter parzelliert verkauft werden. Die Entschädigung hat all diesen Möglichkeiten Rechnung zu tragen und die für den Eigentümer günstigste zu wählen, wie ja auch dieser versucht hätte, sein Eigentum auf günstigste Weise zu verwerten. Dieser „Meistbegünstigungsgrundsatz" im Entschädigungsrecht ergibt sich aus dem Prinzip des vollen Wertersatzes. Er kann in einem Fall für, in einem anderen gegen die Teilflächenentschädigung sprechen.

7. Grundstückswertersatz als Folge der Vorteilsausgleichung

Ein allgemeiner Grundsatz im Grundstückseigentumsrecht ist der Vorteilsausgleich bei Enteignung von Grundstücksteilen zu einem Zweck, der sich wertsteigernd auf das Restgrundstück auswirkt. Voraussetzung dafür ist ein adäquater Zusammenhang zwischen der Enteignung und der Wertsteigerung des Restgrundstücks[79]. Die Vorteilsausgleichung ist als allgemeiner Grundsatz auch im Durchschneidungsrecht anzuwenden und wird hier in der Tat bei der Frage der Entschädigung für Eingriffe in versorgte Grundstücke auch herangezogen[80].

Wenn sich nun aber der Eigentümer Vorteile ausrechnen lassen muß, welche ihm auf seinem Restgrundstück durch Belastung einer Teilfläche entstanden sind, so darf er auch Wertminderungen des Restgrundstückes geltend machen. Es würde dem Gleichheitssatz (Art. 3 Abs. I GG) widersprechen, wenn in einem Fall der Zusammenhang zuungunsten des Eigentümers berücksichtigt würde, im anderen Fall, zu seinen Gunsten, aber nicht.

Gegen die Vorteilsausgleichung mögen Bedenken bestehen[81]. Solange sie jedoch praktiziert, ja gesetzlich vorgeschrieben ist (§ 93 Abs. III BBauG), muß es auch eine Grundstückswertentschädigung geben. Übrigens kann zu ihrer Berechnung von den gleichen Grundsätzen und Begriffen ausgegangen werden wie bei der Vorteilsausgleichung. Insbesondere gilt dies vom Begriff des „adäquaten Zusammenhangs".

---
[79] BGH NJW 1966, S. 1075; BGH BRS 19, Nr. 96.
[80] Vgl. dazu oben I, 4 m. Nachw.
[81] Dazu Gelzer, K. (FN 57), Rdnr. 149 f.

Alles in allem ist also die Grundstückswertentschädigung nichts als eine Anwendung der Grundsätze über die Teilenteignung[82]. In diesem Zusammenhang war es aber von jeher anerkannt, daß für die Wertminderung des Restbesitzes Ersatz zu leisten sei[83]. Grundstückswertentschädigung *muß nicht immer* gewährt werden, sie kann jedoch verlangt werden, wenn der Eigentümer nachweisen kann, daß ihre Voraussetzungen vorliegen, und wenn ihn eine Teilflächenentschädigung schlechter stellen würde, die ja, wie sich herausgestellt hat, nur eine in bestimmten Fällen zulässige Form der Berechnung der Grundstückswertminderung darstellt.

Der eigentliche Grundsatz bei jeder Durchschneidung muß also sein: Entschädigung für die Verkehrswertminderung „des Grundstückes", das ganz oder teilweise durch Eingriff von hoher Hand belastet worden ist.

IV. Zulässigkeit der Besitzwertentschädigung

Es fragt sich nun, ob an Stelle einer Grundstückswertentschädigung Ersatz dafür verlangt werden kann, daß der Gesamtbesitz des Eigentümers, also eine irgendwie zusammengehörige Mehrheit von Grundstücken, durch die Durchschneidung in ihrem Wert gemindert wird. Als Beispiel mag etwa ein geschlossener größerer Forstbesitz dienen, der durch eine oder mehrere Straßen oder Leitungen durchschnitten und damit „in Teile aufgelöst" wird.

Die Frage, *welche Art von Einheit* zwischen den Grundstücken bestehen, ob diese lokaler, wirtschaftlicher oder anderer Art sein muß, kann zunächst (vgl. unten 6.) noch ebenso offenbleiben wie der Intensitätsgrad des Zusammenhangs. Diese Probleme treten ja erst dann auf, wenn die generelle Möglichkeit einer Besitzwertentschädigung geprüft und bejaht wird.

1. Der „Besitz" als enteignungsfähiges Gut

Daß für die Grundstückswertminderung Ersatz zu leisten ist, ergibt sich[84] vor allem daraus, daß „vermögenswertes Gut", und damit Gegenstand der Enteignung, das betroffene Grundstück im ganzen ist, nicht irgendwelche Teilflächen. Für einen Eingriff kann eben nur dann Ersatz geleistet werden, wenn der in seinem Wert geminderte Gegenstand als „enteignungsfähig" von der Rechtsordnung anerkannt wird.

---

[82] Vgl. *Gelzer*, K., a.a.O., Rdnr. 122 ff.
[83] Vgl. die bei *Frohberg*, G. (FN 7), S. 2006 zit. Nachweise; vgl. auch *Bruns*, H., (FN 54), a.a.O.
[84] Vgl. oben III, 3.

IV. Zulässigkeit der Besitzwertentschädigung

Entschädigung für Besitzminderung kann also auch nur dann gewährt werden, wenn „der Besitz" — der hier nur ein, wie immer, „geschlossener Besitz" sein kann — als ein selbständiges „Gut" im Sinne des Enteignungsrechts, *neben* den Einzelgrundstücken, anzuerkennen ist, aus denen sich der Besitz zusammensetzt.

Daß es derartigen Besitz geben und daher auch der „Restbesitz" bei Durchschneidung beeinträchtigt werden kann, ist zu bejahen. Hierfür gibt es dogmatisch zwei Konstruktionsmöglichkeiten:

a) Die Durchschneidung berührt unmittelbar, nehmen wir an, nur ein Grundstück unter mehreren, welche zusammen den Besitz bilden. Der Grundstückswert wird nach dem Prinzip der Grundstückswertberechnung gemindert. Wenn nun die weiteren Grundstücke mit diesem in einem Zusammenhang der Art stehen, daß sie wirtschaftlich günstig nur mit dem unmittelbar betroffenen, in seinem Wert geminderten Grundstück verwertet werden können, so wirkt sich die Durchschneidung auch auf sie, und zwar unmittelbar aus. Mit der Durchschneidung verlieren sie — als gemeinsam verwertbare — auf einmal alle an Wert. Die Summe dieser Wertminderungen aber ist — die Besitzwertminderung.

Dem könnte entgegengehalten werden, „Besitzwert" sei stets etwas anderes, ein aliud und ein plus gegenüber den Werten der einzelnen Grundstücke und ihrer Summen. Durch den Besitzwert solle vielmehr die „Integration" der Einzelwerte erfaßt werden.

Der Einwand geht fehl. Wenn eine Wertminderung ausgehend vom Grundstück a auf die Grundstücke b, c, d usw. feststellbar ist, so wird damit nicht nur etwa der Zusammenhang b—a, sondern es wird der Gesamtzusammenhang a bis d (usw.) bereits berücksichtigt, die Tatsache also, daß b auch insoweit an Wert verliert, als die Minderung durch seinen Zusammenhang mit c eintritt, das seinerseits wieder über a in seinem Wert gemindert wurde. Rechnet man aber alle *diese* Wertminderungen zusammen, die ja bereits auf Grund des engen Zusammenhangs im einzelnen bestimmt würden, so kann eben eine Besitzwertminderung herauskommen, die in der Tat größer ist, als wenn man die Grundstücke isoliert und sie nur zum Ausgangspunkt der Wertminderung, dem Grundstück a, in Verbindung setzt. Gedanklich läßt sich also die Besitzwertminderung als Summe von Einzelwertminderungen erfassen. Damit aber ist der „Besitz" eben doch nichts als eine Mehrheit von enteignungsfähigen Gütern, folglich aber selbst ein enteignungsfähiges Gut, ein „Sammelgut". Ebenso kann auch eine Sammlung von Kunstgegenständen im ganzen enteignungsfähig sein, obwohl sie als solche kein „Einzelgut" im Rechtssinn bildet. Die Einzelgüter aber sind eben zusammen, in der „Konstellation Sammlung" höher, anders zu bewerten, als wenn sie getrennt verwertet würden. Dies bedeutet natürlich nicht, daß dieser Wert auch in der angegebenen Weise methodisch berechnet werden muß; es stellt nur die juristische Konstruktion dar.

Sachenrechtlich steht also der Anerkennung des „Besitzes" als eines enteignungsfähigen Gutes nichts entgegen. Besitzwert ist eine Form von *Sachgesamtheitswert*.

b) Die Rechtsprechung hat seit langem die Enteignungsfähigkeit und damit den „Güter"-Charakter gewisser wirtschaftlich zusammengehöriger Sachmehrheiten anerkannt. Dies gilt insbesondere vom eingerichteten und ausgeübten Gewerbebetrieb. Für die Betriebseinheit „Landbesitz", „Forstbesitz" trifft dasselbe zu. Soweit also ein geschlossener Besitz zusammenhängend bewirtschaftet wird, bildet er auch im Sinne des Enteignungsrechts eine Einheit, in die *als solche* eingegriffen werden kann, die als solche einen Wert hat, welcher den der isoliert betrachteten Einzelgüter erheblich übersteigen kann.

Wird die Besitzeinheit auf diesem Wege gewonnen, so kann allerdings für die Minderung eines solchen „*Betriebswertes*" infolge einer Durchschneidung nur insoweit Entschädigung verlangt werden, als die Straße oder Leitung *den Betrieb* beeinträchtigt; dies aber wird häufig nicht oder nicht in nennenswertem Umfang der Fall sein. Günstiger dürfte also in den meisten Fällen die Konstruktion des Besitzes als eines Sachgesamtheitswertes sein.

Allerdings darf auch die „Besitzwertminderung als Betriebswertminderung" nicht mit einer Minderung des Ertragswertes gleichgesetzt werden. Auch beim Betriebswert wird immer auf den Verkehrswert abgestellt, auf den Wert, den der Eigentümer im Verkaufsfalle realisieren könnte. Dieser ist, selbst wenn der land- oder forstwirtschaftliche Betrieb als solcher verkauft wird, wohl in den meisten Fällen höher als der Ertragswert — eben weil ein gewisser Sachgesamtheitswert der Grundstücke mitberechnet wird. Immerhin — den unmittelbaren Bezug auf den „eigentlichen" Wert des Grundbesitzes hat der Sachgesamtheitswert, nicht der Betriebswert; er dürfte also auch unter dem Gesichtspunkt der „wirklichen Wertermittlung" meist der „bessere Wert" sein.

Der „Besitz" ist also ein Gut, das als solches durch eine Durchschneidung beeinträchtigt werden kann.

2. Grundstückswertminderung — Voraussetzung der Besitzwertentschädigung

Die Anerkennung der Grundstückswertentschädigung schließt die Besitzwertentschädigung nicht aus, sie ist vielmehr deren Vorausset-

IV. Zulässigkeit der Besitzwertentschädigung

zung; Begründungen für die Grundstückswertentschädigung tragen auch bis zur Besitzwertentschädigung.

a) Wenn es nur Teilflächenentschädigung gäbe, wenn der Grundstückswert als solcher gar nicht berücksichtigt werden könnte, so käme auch eine Besitzwertschmälerung nicht in Betracht. Diese setzt ja ebenfalls voraus, daß sich die Wertminderung nicht auf den überspannten oder entzogenen Geländestreifen beschränkt. Insoweit ist also die Grundstückswertentschädigung logische Voraussetzung der Besitzwertentschädigung.

Besitzwertentschädigung ist ferner nichts als eine kumulierte, *potenzierte Grundstückswertentschädigung*[85]: Die Wertberechnung geht von den Einzelgrundstücken gedanklich aus, sieht sie dann allerdings in einem größeren Zusammenhang. Auch darin ist also die Grundstückswertentschädigung logische Voraussetzung der Besitzwertentschädigung.

Die Besitzwertentschädigung wird aus demselben Grund auch durch die Grundstückswertentschädigung *nicht ausgeschlossen* — aber auch das Umgekehrte trifft nicht zu. Werden nämlich Grundstücke „im Besitzverbund" in ihrem Wert gemindert, so kommt die eine Betrachtungsweise zum Tragen, sind sie in ihrem Wert „isoliert" zu betrachten, so kann nur die andere am Platze sein. Der Eigentümer kann diejenige wählen, der Richter muß nach derjenigen entscheiden, welche der konkreten Eigentumssituation am besten gerecht wird.

Dogmatisch ergibt sich daraus, daß die Besitzwertentschädigung letztlich nichts anderes ist, als ein Berechnungsmodus der Grundstückswertentschädigung — ebenso wie auch die Teilflächenwertentschädigung. „Verletztes Gut" ist immer ein Grundstück oder eine Mehrheit von solchen[86]. Läßt es sich isoliert wertmäßig hinreichend erfassen — und dies ist der „gedankliche Normalfall", der dem Sachenrecht entspricht — so kommt weder Entschädigung für Besitzwertminderung noch für Teilflächenminderung in Betracht. Wird der Grundstückswert durch eine größere Konstellation bestimmt, so wird nach Besitzwert entschieden, liegt seine Minderung auf einer Teilfläche, so wird sie durch Entschädigung für diese abgegolten.

Die dogmatische Einheit ist also hergestellt; sie wird durch die Grundstückswertentschädigung gebildet, von der Besitzwertminderung und Teilflächenwertminderung gleichberechtigte Berechnungsmodi darstellen. Mit der Anerkennung der Entschädigung von Grundstückswert- und Teilflächenwertminderung kann die Besitzwertminderung logisch nicht mehr ausgeschlossen werden.

---
[85] Vgl. oben 1 a.
[86] Sieht man von der Betriebswertberechnung oben 1 b, ab.

b) *Im einzelnen lassen sich Argumente zugunsten der Grundstückswertentschädigung zugleich für die Besitzwertminderung heranziehen:*

— Das Preußische Enteignungsgesetz spricht von dem „übrigen Grundbesitz" (§ 8 Abs. II), meint damit wohl in erster Linie das Restgrundstück, schließt aber den „Restbesitz" gleich mit ein.

— Die Judikatur läßt eine gewisse „Meistbegünstigung" der Eigentümer erkennen[87]; sie stellt bei der Wertberechnung auf diejenige Fläche ab, welche der Eigentümer praktisch „isoliert" verwerten bzw. wertmäßig bei der Verwertung berechnen kann und gewährt deshalb auch so häufig Teilflächenentschädigung. Derselbe Grundsatz muß jedoch, umgekehrt angewandt, zur Anerkennung der Besitzwertminderung führen: Wenn der Eigentümer das betroffene Grundstück nur im Zusammenhang mit anderen sinnvoll verwerten kann, so muß eben auf diesen abgestellt und auch eine entsprechende Gesamtbesitzminderung in Rechnung gestellt werden.

— *Der Grundsatz des Vorteilsausgleichs*[88] trägt bis zur Besitzwertminderung. Bezugspunkt des Vorteilsausgleichs ist der Eigentümer. Was er auf dem einen Grundstück gewinnt, kann ihm auf die Wertminderung des anderen angerechnet werden. Erfährt also sein Besitz als solcher eine Werterhöhung durch die Durchschneidung, so muß er sich diesen zurechnen und von der Enteignungsentschädigung abziehen lassen. Dann aber ist es gerecht, daß auch die Nachteile nicht notwendig auf ein Grundstück beschränkt bleiben, sondern in ihren Auswirkungen gegebenenfalls für den Gesamtbesitz errechnet werden.

3. Anerkennung der Besitzwertentschädigung durch die Rechtsprechung

Die Gerichte haben, soweit ersichtlich, die Besitzwertentschädigung bisher noch nie grundsätzlich abgelehnt. Mehrere Entscheidungen erkennen sie vielmehr ausdrücklich oder implizit an.

a) Das OLG Hamm hat sich einmal scheinbar gegen die Besitzwertminderung ausgesprochen, in Wahrheit hat es sie implizit gebilligt. Das Gericht meint[89]:

„Zwar kann es sein, daß z. B. bei der Veräußerung eines Hofes von 50 ha oder mehr praktisch keine Minderung des Verkehrswertes sichtbar wird, wenn 10 oder 20 ar durch eine Grunddienstbarkeit belastet worden sind. Es darf hier aber nicht der gesamte Grundbesitz des Eigentümers als Einheit gesehen werden, sondern es muß allein auf die einzelnen belasteten Grundstücke abgestellt werden."

---

[87] Vgl. oben III, 6.
[88] Vgl. oben III, 7.
[89] OLG Hamm RdL 1962, S. 82.

Nicht der Eigentümer hatte in diesem Fall also Besitzwertminderung verlangt, sondern die Enteignungsgewalt hatte diese Betrachtungsweise gewünscht, weil sie für sie günstiger gewesen wäre. Das OLG läßt sie grundsätzlich zu, schließt sie aber im Einzelfall („hier") aus, weil sie der Eigentumslage nicht entspricht. Der Eigentümer konnte eben die Grundstücke isoliert verwerten, brauchte sich also nicht die Betrachtungsweise des Gesamtbesitzes aufdrängen zu lassen. Der Richter hat nach dem „Meistbegünstigungsgrundsatz"[90] entschieden. Dies bedeutet aber nicht, daß die Besitzwertminderung nicht dort anzunehmen ist, wo sie durch die konkrete Eigentumslage gerechtfertigt wird — im Gegenteil!

b) Gelegentlich hat die Rechtsprechung eine Besitzwertentschädigung ausdrücklich für möglich gehalten:

— Das OLG Hamm meint[91]:

„Die Kläger machen geltend, die Minderung des Verkehrswertes erstrecke sich nicht nur auf den Schutzstreifen; vielmehr erlitten auch die angrenzenden Grundstücke eine Wertminderung, da sie nicht so bebaut werden könnten, wie es möglich wäre, wenn sie nicht an den Schutzstreifen grenzten. *Es mag Fälle geben, für welche diese Erwägung zutreffen kann*" (Herv. v. Verf.).

Es handelt sich um einen „typischen" Baulandfall, in dem mit Recht meist Teilflächenentschädigung gewährt wird. Dennoch hielt das Gericht die Restbesitzbeeinträchtigung grundsätzlich für möglich, ging allerdings im Einzelfall nicht davon aus.

— Der BGH spricht in einem Fall davon[92], daß hier „weder der Ertragswert, das Hofbild oder der Beleihungswert" gemindert worden seien. Er untersucht also auch die Auswirkungen auf ein „Hofbild", das nur eine Erscheinungsform des „Gesamtbesitzes" sein kann.

c) Das OLG Köln hatte neuerdings einen Autobahndurchschneidungsfall zu entscheiden[93], in dem eine Entschädigung verlangt worden war, „weil der gesunde Grundstücksverkehr einen arrondierten Besitz höher bewerte als einen Besitz, der von einer Autobahn durchschnitten werde". Das Gericht meint dazu, daß

„sich der Minderwert eines überspannten Grundstückes am Wert der betroffenen Einzelparzelle und nicht am Wert der Wirtschaftseinheit orientiert, zu der die Einzelparzelle gehört. Während aber bei Überspannungen die Veräußerung der überspannten Parzelle weiterhin möglich bleibt und sich demnach die Wertminderung nach der Natur der Sache, in der Regel auf die überspannte Einzelfläche beschränkt, ist eine derartige Betrachtungsweise bei Durchschneidungen nicht möglich. Denn hier werden vollständige

---

[90] Vgl. oben III, b.
[91] RdL 1963, S. 133.
[92] BGH RdL 1970, S. 243.
[93] 4 U 199/71, v. 21. 11. 1972 (unveröff.).

Parzellen oder Teile davon aus einem Wirtschaftsganzen herausgeschnitten. Der Minderwert kann sich also nicht mehr an den ganz oder teilweise herausgeschnittenen Einzelparzellen, sondern muß sich an der übergeordneten Wirtschaftseinheit orientieren, zu der die herausgeschnittenen Parzellen vor der Enteignung gehört haben".

Diese Ausführungen treffen zum Teil zu, teilweise geben sie zu Kritik Anlaß.

Das OLG geht zutreffend grundsätzlich von der Grundstückswertentschädigung aus. Es begründet diese auch richtig damit, daß es darauf ankomme, ob die betreffende Parzelle isoliert verwertet werden könne. Unter diesen Voraussetzungen läßt sich auch die Aussage noch vertreten, daß „in der Regel" Besitzwertentschädigung ausscheide, die also als Ausnahme durchaus möglich bleibt.

Bedenken begegnet dagegen die Auffassung, daß zwischen der Durchschneidung durch eine Straße und der Überspannung so grundsätzliche Unterschiede bestünden, daß im ersteren Fall stets Restbesitzminderung im letzteren grundsätzlich Grundstückswertentschädigung Platz greifen müsse. Eine derartige Unterscheidung kann, in solcher Schärfe, nicht anerkannt werden.

— Die Rechtsprechung hat zwar bisher, soweit ersichtlich, Straßendurchschneidung und Leitungsdurchschneidung noch nicht ausdrücklich gleichgestellt; es gibt hier auch gewisse Unterschiede. Die Leitungsdurchschneidungen aber sind gleichgestellt worden, gleich ob es sich um über- oder unterirdische[94], um Wasser oder Öl[95], um Wasser oder Elektrizität handelte[96]. Mindestens zwischen über- und unterirdischen Leitungen bestehen aber deutliche, wertbestimmende Unterschiede. Der Rechtsprechung liegt also die deutliche Tendenz zugrunde, einen einheitlichen Tatbestand „Durchschneidung" anzunehmen; es ist dann kaum ersichtlich, warum aus diesem die Straßendurchschneidung grundsätzlich herausgenommen werden sollte.

— Durchschneidung durch einen breiten Schutzstreifen kann für den Gesamtbesitz dieselben oder sogar noch größere Nachteile mit sich bringen als eine Straßendurchschneidung.

— Nicht immer kann bei Leitungsdurchschneidungen die „überspannte Fläche als solche" verwertet, insbesondere verkauft werden. Nicht in allen Fällen ist es also sachgerecht, nur für sie Entschädigung zu gewähren. Überdies müßte ein solcher Grundsatz zur Teilflächenwert-, nicht zur Grundstückswertentschädigung führen. Dies aber

---
[94] BGH RdL 1967, S. 241.
[95] OLG Hamm RdL 1962, S. 82.
[96] OLG Hamm RdL 1968, S. 270.

widerspricht dem geltenden Recht (vgl. oben III.) und den Ausführungen des Gerichts selbst, das von der Veräußerung der betroffenen Parzelle spricht.

Im Ergebnis muß also Restbesitzentschädigung sowohl grundsätzlich bei Straßen-, wie auch bei Leitungsschäden möglich sein. Dem OLG Köln ist allerdings zuzugeben, daß sie bei Straßendurchschneidungen häufiger als bei Leitungsdurchschneidungen in Betracht kommen mag. Das Gericht hat also nur die Akzente unrichtig gesetzt. Sein Ausgangspunkt ist richtig.

4. Besitzwertenschädigung und Restbetriebsbelastung

Es ist anerkannt, daß auch solche Wertminderungen in Ansatz gebracht werden können, welche auf *Behinderung einer Berufs- und Erwerbstätigkeit* im Wege der Durchschneidung zurückzuführen sind (vgl. dazu § 96 BBauG).

Diese Erwerbstätigkeit wird meist nicht nur auf dem gerade betroffenen Grundstück, sondern auf dem „Besitz" als solchem ausgeübt werden. Auf diesen fällt daher bei Durchschneidung jedenfalls eine „Restbetriebsbelastung". Diese „soll die Nachteile ausgleichen, die neben den Entzugsflächen entstehen. Die Nachteile werden in den Kosten gesehen, die mit der Landhergabe nicht wegfallen. Es sind das Festkosten, denen keine adäquaten Erträge gegenüberstehen. Insbesondere sind hier Maschinenunterhaltung, Gebäudeunterhaltung und feste Teile der Lohnkosten zu nennen. Der Anspruch auf eine Entschädigung für diese Posten ist nicht strittig. Schon das Reichsgericht hat den Anspruch und die Entschädigungspflicht festgestellt. Als Rechnungsmethode wird allgemein die Rohertragsreduktion gewählt"[97].

Darüber hinaus erhöht sich die Entschädigung noch, wenn „künftig die Ausdehnungsfähigkeit eines Gewerbebetriebes beeinträchtigt wird. Auch der moderne mechanisierte landwirtschaftliche Betrieb muß insoweit entschädigungsrechtlich wie ein Gewerbebetrieb behandelt werden, dem auch von Gesetzes wegen die bauliche Ausdehnung garantiert ist"[98].

Es mögen solche Fälle nicht allzu häufig sein[99], es gibt sie aber. Wenn jedoch derartige Kategorien anerkannt sind, so muß auch die Besitzwertentschädigung grundsätzlich zulässig sein: denn nichts anderes als ein Anwendungsfall der Besitzwertminderung ist eben die Belastung des Restbetriebes oder dessen Ausdehnungsbehinderung.

---

[97] *Bewer*, C., RdL 1968, S. 172.
[98] So *Frohberg*, G. (FN 7), S. 2009. m. Nachw.
[99] *Dittus*, W. (FN 7), S. 721.

A. Ersatzfähigkeit der Wertminderung

5. Plananpassung und Besitzwertentschädigung

Die Rechtsprechung geht bei der Entschädigungsbemessung davon aus, daß bei Durchschneidungen doch eine gewisse Anpassung an künftige Planung möglich sei, die ja auch ihrerseits auf die Durchschneidungssituation Rücksicht nehmen werde[100].

Unterstellt man dies, so wird dabei aber gegebenenfalls nicht nur das gesamte betroffene Grundstück zu berücksichtigen sein, es wird nicht nur in dessen Bereich „ausgewichen" werden können und müssen, sondern bei einem größeren, zusammenhängenden Besitz auch auf diesen.

Wenn also das „planerische Ausweichen" als Kategorie der Entschädigungsbemessung von Bedeutung ist, so führt dies nicht nur zur Anerkennung der Grundstückswertentschädigung, sondern es trägt bis zur Besitzwertentschädigung. Wie schon mehrfach muß ja auch hier wieder gelten: Was zuungunsten des Eigentümers berücksichtigt wird, darf auch zu seinen Gunsten angeführt werden.

6. Der erforderliche „Zusammenhang" der den Besitz bildenden Grundstücke

a) Art oder Intensität des Zusammenhangs von Grundstücken, welche als ein „Besitz" i. S. des Entschädigungsrechts anerkannt werden können, sind bisher in der juristischen Literatur und Rechtsprechung, soweit ersichtlich, noch nicht näher gewürdigt worden. Lediglich bei der Frage, für welche seiner Grundstücke der „versorgte Eigentümer" nach III, 3 der Allgemeinen Versorgungsbedingungen eine entschädigungslose Leitung zu dulden hat[101], ist allgemein festgestellt worden, daß es auf den wirtschaftlichen oder auf den lokalen Zusammenhang ankommen könne[102]. Die Lösung in dieser Frage müßte aber auch der der Entschädigung bei Teilbelastung eines Besitzes entsprechen; wenn nämlich wegen Zusammenhangs einheitlich nicht entschädigt wird, so muß auch umgekehrt wegen desselben Zusammenhangs einheitlich Ersatz geleistet werden.

b) Von folgenden Grundsätzen dürfte heute auszugehen sein, was den erforderlichen Zusammenhang anlangt:

---

[100] So etwa OLG Hamm, RdL 1963, S. 104; OLG Hamm (unveröff.) 9 U 100/65 — 27. 6. 1969; vgl. auch *Dittus*, W. (FN 7), S. 725.

[101] Dazu m. Nachw. *Kimminich*, O., Energieversorgung und Eigentum, Frankfurt 1972; vgl. allg. oben I, 4.

[102] Für wirtschaftlichen Zusammenhang OLG Stuttgart, Rechtsbeilage z. Energiewirtschaft 1958, S. 28; für räumlichen Zusammenhang OLG Düsseldorf, a.a.O., S. 87; *Gieseke*, P. (FN 4), S. 112; gegen den räumlichen Zusammenhang scharf *Kimminich*, O., a.a.O., S. 14.

— Ein *wirtschaftlicher Zusammenhang* zwischen den Grundstücken schafft jedenfalls die Besitzeinheit[103]. Er genügt selbst dann, wenn ein örtlicher Zusammenhang nicht besteht[104], mag dies auch in der Regel der Fall sein. Der wirtschaftliche Zusammenhang fordert nicht, daß der Teil für das Ganze nötig ist, wenn er nur geeignet ist, den wirtschaftlichen Bedürfnissen des Ganzen zu dienen, und tatsächlich wenn auch nicht dauernd und ununterbrochen, gedient hat[105]. Näher läßt sich der wirtschaftliche Zusammenhang aus rechtlicher Sicht nicht gesichert bestimmen.

— Der *örtliche Zusammenhang* ist sicher *in Verbindung mit dem wirtschaftlichen* von Bedeutung. Er erleichtert dessen Nachweis für den Enteignungszeitpunkt; er stellt ferner ein wesentliches Indiz dafür dar, daß diese Grundstücke künftig als wirtschaftlich zusammengehöriger Besitz verwertet, insbesondere auch verkauft werden können, selbst wenn dies im Zeitpunkt der Enteignung noch nicht der Fall sein sollte. Die örtliche Lage ist eben bereits ein fester Anhalt für künftigen Wert aus wirtschaftlichem Zusammenhang.

— Es fragt sich, ob ein „*rein örtlicher Zusammenhang*" ohne erkennbaren heutigen oder künftig wahrscheinlichen wirtschaftlichen Zusammenhang auch eine Besitzeinheit im Sinne des Entschädigungsrechts schaffen kann. Dies wird allerdings nur in seltenen Ausnahmefällen in Betracht kommen und dann regelmäßig abzulehnen sein. Die leichtere Verkäuflichkeit eines zusammenhängenden Besitzes hängt eben stets mit dessen günstiger wirtschaftlicher Verwertbarkeit in der Hand des Käufers zusammen und wird nur insoweit die Entschädigung beeinflussen. Und eine „Freude am großen, zusammenhängenden Besitz" wird stets auch die wirtschaftlichen Zusammenhänge mit berücksichtigen (Jagdreviere); mag sie auch emotionaler Art sein, was, wie noch nachzuweisen sein wird, die Entschädigung durchaus nicht ausschließen muß, so wäre sie doch ein nicht zu ersetzendes „persönliches Affektionsinteresse", wenn sie nicht auf irgendwelche wirtschaftliche Zusammenhänge abstellte.

— Allerdings darf „*wirtschaftlicher Zusammenhang*" nicht mit „*gemeinsamer Bewirtschaftung*" gleichgesetzt werden — daraus ergeben sich wohl die Probleme des „örtlichen Zusammenhangs". Es genügt vielmehr, daß der örtliche Zusammenhang die wirtschaftliche Wertsteigerung des Gesamtbesitzes bewirkt, und dazu kann die Lage allein, ohne jede gemeinsame Bewirtschaftung, ausreichen. Dies ist

---

[103] Vgl. die Nachw. FN 102, sowie aus früherer Zeit Nachw. b. *Meyer - Thiel - Frohberg*, Enteignung von Grundeigentum, Berlin 1959, S. 92.
[104] Zutr. *Seufert*, G., Bay Enteignungsrecht, Berlin 1957, S. 96.
[105] So *Meyer - Thiel - Frohberg* (FN 103), S. 90 m. Nachw. aus d. Rspr.

etwa der Fall, wenn ein Sanatorium oder ein Landhaus von einem großen Park umgeben ist, damit es gegen Lärm und Einblick geschützt sei[106], oder wenn es auf die Abgeschlossenheit und Ruhe eines ländlichen Aufenthaltes ankommen soll[107]. Wird aber der „wirtschaftliche Zusammenhang" so weit gefaßt, so *muß* er vorliegen, damit ein Besitz gegeben sei, weil er ja gerade als gegenseitige wirtschaftliche Wertsteigerung der Grundstücke verstanden wird und andernfalls ein besonderer „Besitzwert" nicht denkbar ist.

Neben einem richtig verstandenen, nicht auf „gemeinsame Bewirtschaftung" eingeengten Begriff des „wirtschaftlichen Zusammenhangs" ist also für den „örtlichen Zusammenhang" als selbständiges Merkmal der Konstituierung eines „Besitzes" kein Raum mehr.

Als *Gesamtergebnis* dieses Teiles A. ist daher festzuhalten: Grundstückswert- und Besitzwertentschädigung sind im Durchschneidungsrecht neben der Teilflächenentschädigung grundsätzlich möglich. Auf welcher Grundlage die Entschädigung berechnet wird, bestimmt sich nach der konkreten Situation der betroffenen Fläche(n). Bei Bauerwartungsland wird häufig die Teilflächenentschädigung sachgerecht sein. Es kommt aber stets darauf an, wieweit sich die betroffene Fläche wertmäßig vom Gesamtgrundstück oder vom Gesamtbesitz isolieren läßt. In der Regel wird die für den Eigentümer günstigste Berechnungsart auch die rechtlich allein zulässige sein, weil eben „die möglichste Ausnutzungsfähigkeit des Ganzen und des Restes"[108] zugunsten des Eigentümers zu unterstellen ist.

---

[106] Vgl. BGH VkBl 1968, S. 366.
[107] *Meyer - Thiel - Frohberg* (FN 103), S. 93 m. Rspr. Nachw.
[108] *Meyer - Thiel - Frohberg* (FN 103), S. 102 m. Rspr. Nachw.

B. Ersatz für Grundstücks- und Besitzwertminderung nach geltendem Entschädigungsrecht

Nachdem die Zulässigkeit der Grundstücks- und Besitzwertentschädigung feststeht, ist nun zu prüfen, nach welchen Grundsätzen im einzelnen hier Ersatz zu gewähren ist. Die vorwiegend bei Teilflächenwertminderung entwickelten Vorstellungen sowie die Regeln des allgemeinen Teilentschädigungsrechts sind dabei heranzuziehen und darauf zu untersuchen, welche Auswirkungen sie für Grundstücks- und Besitzwertminderungen haben, die auf Durchschneidungen zurückgehen. Bedeutsam sind sowohl materiell-rechtliche Regeln zur Feststellung von Eingriff, Wert und Wertminderung (i. folg. I—III), als auch das Verfahren zur Bestimmung der Entschädigungshöhe (i. folg. IV). Die folgende Untersuchung soll aus juristischer Sicht gewisse Anhaltspunkte für die Schätzung von Wertminderungen geben. Besonderes Augenmerk wird daher gerichtet auf

— den Grad der Nachweisbedürftigkeit, von dem die Gerichte jeweils ausgehen und damit zusammenhängend

— etwaige Vermutungen, welche die Judikative aufstellt und welche den Betroffenen den Nachweis erleichtern oder ersparen.

I. Form des Eingriffs

1. Das „Instrument der Durchschneidung" (Leitung, Trasse)

Daß die Veranstaltung, welche die Durchschneidung bewirkt, für die Entschädigung, weil für die Wertminderung, von Bedeutung sein *kann*, ist grundsätzlich nicht bestritten. So haben sicher Wasser- und Ölleitungen ihre Besonderheiten[109], und die Rechtsprechung hat gelegentlich auf den „erheblichen Unterschied" zwischen der Elektrizitätsleitungsführung auf Masten und dem in der Erde verschwindenden Gasrohr hingewiesen[110].

a) Gerade weil hier doch auf den ersten Blick erhebliche Unterschiede zu bestehen scheinen, ist es beachtlich, daß die Rechtsprechung *folgende Grundsätze allgemein* aufgestellt hat:

---

[109] *Dittus*, W. (FN 7), S. 725; zu letzterer u. a. *Bullinger*, M., Die Mineralölfernleitungen, Stuttgart 1962, S. 38 f.
[110] *Dittus*, W., a.a.O., S. 724 m. Nachw.

— Zwischen einer *Ölleitung und einer Wasserleitung* besteht in der äußeren Anlage und den eigentlichen wertmindernden Umständen kein erheblicher Unterschied[111].

— Gleichgültig ist, *ob eine Leitung unter- oder überirdisch geführt wird*[112], denn „die Beschränkung des Grundeigentums bei der Inanspruchnahme von Grundstücken für die Errichtung und den Betrieb von Hochspannungsleitungen unterscheidet sich kaum von der Beschränkung bei der Inanspruchnahme von Grundstücken für die Errichtung und den Betrieb einer Wasserleitung. Die Beschränkung ist in beiden Fällen jedenfalls gleichgeartet, so daß dieselben Gesichtspunkte für die Bemessung der Entschädigung angewandt werden müssen"[113]. In einem neueren Urteil des OLG Düsseldorf[114] wird jedoch die Ansicht vertreten, daß „bei unterirdischen Leitungen aber die entsprechende Beeinträchtigung geringer ist, weil diese Leitungen selbst kaum zu erkennen sind; ihre Folgen zeigen sich erst bei einer Bebauung des Schutzstreifens". Das OLG setzt daher eine um 25 % geringere Entschädigung als im Fall der Überspannung an.

Die Gesamttendenz der Judikatur dürfte allerdings in Richtung auf eine grundsätzliche Gleichbehandlung gehen. Dem BGH kommt es nämlich stets in erster Linie auf die rechtliche, nicht auf die tatsächliche Beschränkung an[115], wenn er den Verkehrswert untersucht; und beide sind ja bei all diesen Durchschneidungen nach dem Inhalt der Dienstbarkeiten gleich.

— Über gleiche oder unterschiedliche Auswirkungen von Durchschneidungen im Fall von Leitungen einer-, Verkehrswegen andererseits, liegen, soweit ersichtlich, Erkenntnisse nicht vor. Es steht lediglich fest, daß im ersteren Fall grundsätzlich 15—25 %, im letzteren 100 % des Teilflächenwertes zu ersetzen sind. Daß ein prinzipieller Unterschied hinsichtlich der Auswirkungen auf Restgrundstück oder Restbesitz bestehe, ist vom OLG Köln[116] zu Unrecht angenommen worden.

b) Für die *Beurteilung einer Grundstückswert- oder Besitzwertentschädigung* bedeutet dies jedoch nicht, daß hier undifferenziert dieselben Grundsätze anzuwenden wären. Sie sind nämlich ersichtlich für die Teilflächenentschädigung und vorwiegend in Bauerwartungsfragen entwickelt worden; hier aber ist es in der Tat gleichgültig, ob eine Leitung

---

[111] OLG Hamm, RdL 1962, S. 82.
[112] BGH RdL 1967, S. 241; OLG Hamm, RdL 1968, S. 271.
[113] OLG Hamm, a.a.O.
[114] 118 U 116/67 v. 9.1.1969 (unveröff.).
[115] Dazu *Pagendarm*, WM Sonderbeilage 5/1965 v. 30.10.1965.
[116] 4 U 199/71 v. 21.11.1972 (unveröff.).

über- oder unterirdisch geführt wird, durch die Dienstbarkeit wird die Baulandeigenschaft stets gleichmäßig beeinträchtigt.

Anders hinsichtlich der Auswirkungen auf Restgrundstück und Restbesitz. Hier kommt es vorwiegend an auf

— *Bewirtschaftungsnachteile*, die bei Hochleitungen meist größer sein werden als bei Tiefleitungen.
— *Verunzierungen*, d. h. Sichtbarkeit der Leitungen und der entsprechenden Schutzstreifen. Hier sind wiederum generell Hochleitungen stärker wertmindernd als andere. Überdies muß noch nach der Kulturart unterschieden werden: Bei einem Forstgut wird ein unbebaubarer Schutzstreifen für eine unterirdische Leitung viel stärker ins Gewicht fallen als bei Ackerland.
— *Immisionsnachteile*, die von dem belasteten Grundstücksteil ausgehen. Hier ist die Beeinträchtigung durch eine Verkehrstrasse bei weitem am größten; im übrigen kommt es etwa auf Leitungsgefährlichkeit und Wartungsintensität der Anlagen an.

Im ganzen und unter dem Vorbehalt weiterer Differenzierungen nach Nutzungsart und Lage des Einzelgrundstücks bzw. -besitzes wird man also die These aufstellen können, daß für Grundstückswert- und Besitzwertentschädigung nicht von einer „Gleichwertigkeit der Durchschneidung bei unterschiedlichen Durchschneidungsinstrumenten" auszugehen ist, wie es eine mißverstandene Rechtsprechung nahelegen könnte. Vielmehr sind wohl generell unterirdische Leitungen weniger wertmindernd als überirdische, diese wieder erheblich weniger als eine Verkehrstrasse. Einzelgrundsätze oder gar Pauschalierungen sind hier jedoch bisher in rechtlich eindeutiger Weise noch nicht anerkannt worden.

2. Die Art der Durchschneidung

a) In Lehre und Rechtsprechung ist anerkannt, daß es entscheidend darauf ankommen kann, wie das betroffene Grundstück durchschnitten[117] oder angeschnitten wird[118]. Dem wird im Einzelfall durchaus nicht nur innerhalb des Rahmens Rechnung getragen werden dürfen, wie er sich für Teilflächenwertentschädigung entwickelt hat[119], weil eben dies nicht die einzig zulässige Berechnungsmethode ist und der erwähnte „Rahmen" überhaupt nicht zur Problematik der Grundstücks- und Besitzwertentschädigung paßt.

---

[117] Vgl. etwa *Foag*, A., RdL 1962, S. 83; *Balkenholl*, H., *Bewer*, C. (FN 10), S. 151; BGH RdL 1963, S. 76 („... das Grundstück weit ungünstiger, weil nicht nur am Rande, behindert"); vgl. auch OLG Hamm, NJW 1970, S. 816.
[118] Dazu näher *Bewer*, C., RdL 1968, S. 171.
[119] So noch *Foag*, A., a.a.O.

Für diese letzteren wird die Art der Durchschneidung nicht zuletzt deshalb so wichtig, weil sich aus ihr gelegentlich sogar ergeben kann, ob in einem Fall Besitzwert- oder Grundstücksentschädigung zu gewähren ist. Je größer die Bezugsgesamtfläche, desto mehr wird es im allgemeinen auf die Art der Durchschneidung ankommen. In aller Regel wird nur auf ihre „besonders beeinträchtigenden Folgen" überhaupt eine Besitzwertminderung gestützt werden können. Sicher ist dabei die quantitative Relation der Teile zueinander auch von Wichtigkeit, welche durch die Durchschneidung voneinander getrennt werden. In Extremfällen können hier ja sogar mehrere „Besitze" entstehen, welche wieder jeweils selbständigen Wert haben.

Rechtsgrundsätze sind bisher, soweit ersichtlich, im einzelnen nicht erarbeitet worden. Dies dürfte auch schwierig sein, weil jeder Fall anders liegt. Aus rechtlicher Sicht muß es daher bei den erwähnten Andeutungen bewenden. Nicht angängig ist dagegen der Versuch, gewisse Fälle als „Normalformen" der Durchschneidung zu erfassen[120]. Kein Fall ist hier „normal", Restgrundstück und Restbesitz werden immer in einer „besonderen" Weise beeinträchtigt. Die „Normalitätskategorie" wäre eine Übertragung aus der Teilflächenentschädigung, die hier keinen Platz hat.

b) Bei der Art der Durchschneidung wird sich häufig die Frage nach der *Erforderlichkeit* der enteignenden Belastung stellen, die ja in jedem Fall nach Art. 14 GG vorliegen und stets sorgfältig geprüft werden muß[121]. Dogmatisch gehört sie aber nicht zur Höhe der Entschädigung, ihre Bejahung ist vielmehr Voraussetzung der Annahme eines enteignenden Eingriffs und damit einer Entschädigungsmöglichkeit. Deshalb kann aus der (Nicht-)Erforderlichkeit nichts gegen die Entschädigungshöhe abgeleitet werden, weil bei einem Streit über diese von einer ganz bestimmten und nicht mehr diskutablen Durchschneidung auszugehen ist.

Übrigens würden die Gerichte wohl generell geneigt sein, die „Notwendigkeit" einer Trassenführung anzuerkennen, wenn für sie auch nur einige technische Gründe sprechen[122].

---

[120] So aber *Balkenholl* und *Bewer,* a.a.O.
[121] Dazu u. a. *Matheis, G.,* Erforderlichkeit der Enteignung für Energieversorgungsleitungen, NJW 1963, S. 1804 f.; *Kindermann, H. H.* (FN 7), S. 63 f.; *Keller, E.,* Enteignungen f. Zwecke der öff. Energieversorgung, Diss. München 1967, S. 78 f.; *Wagner, H.* (FN 14), S. 201.
[122] Für die Eisenbahnen referieren *Meyer-Thiel-Frohberg* (FN 103) eine Rspr., nach der „ohne weiteres anzunehmen ist, daß die gewählte Linienführung die gebotene sei, eine andere als möglich nicht in Frage komme".

3. Kumulation von Durchschneidungen

Mehrere wesensgleiche oder wesensverschiedene Belastungen können auf ein Grundstück gelegt werden, einen Besitz belasten[123]. Dann ist grundsätzlich davon auszugehen, daß jede weitere Belastung, mag sie auch auf derselben Teilfläche ruhen und gleichen Inhalt haben wie die erste, weitere Wertminderung bringt[124]. Hier zeigt sich aber vor allem die Problematik der Teilflächenentschädigung, die Notwendigkeit, zu einer Grundstücks-, ja Besitzwertentschädigung überzugehen.

In der Praxis wurde nämlich häufig eine Pauschalminderung für die Teilfläche der zweiten Leitung angesetzt, die höher lag, als die für den ersten Schutzstreifen etwa vereinbarte oder zugesprochene. Damit wurden jedoch Schutzstreifen und Grundstück verwechselt. Als Grundstückswertentschädigung aber ist dies auch dann ungenügend, wenn etwa der Bodenwert bei der x-ten Überspannung auf 0 sinkt, denn dies vermag den Grundstückswertverlust nicht voll auszugleichen, vom Besitzwertverlust ganz zu schweigen.

Auf derartige pauschalierende Vereinbarungen oder Anträge sollten sich in der Regel Eigentümer also nur dann einlassen, wenn ausschließlich, etwa in Bauerwartungsfragen, Teilflächenentschädigungen für kleinere und leicht isolierbare Teile eines Grundstücks in Betracht kommen. In solchen Fällen mag dann auch bei einer weiteren Belastung derselben Fläche eine zusätzliche Wertminderung der Teilfläche um etwa 10 % angemessen sein[125], wenn die Leitungen parallel verlegt sind und die zweite Leitung keine weitere Behinderung bringt.

In allen anderen Fällen aber wird man prüfen müssen, ob nicht ein Kumulativeffekt vorliegt, d. h. „die Wertminderung zweier gleichzeitig bestehender Dienstbarkeiten ist größer als die Summe der Wertminderungen, die sich aus den einzelnen Beschränkungen ergeben"[126] — dies alles natürlich auf das betroffene Grundstück, auf den betroffenen Besitz bezogen. Ob dies der Fall ist, bleibt reine Tatfrage. Eine rechtliche Vermutung dafür oder dagegen gibt es nach geltendem Recht nicht.

II. Der Wert des betroffenen Grundstücks oder Besitzes

1. Beurteilung nach dem Verkehrs-, nicht nach dem Ertragswert

Belastete, teilenteignete Grundstücke wurden früher in ihrem Wert nach dem Ertrag, der wieder von der konkreten oder mit einer gewissen

---
[123] Beispiele dafür bei *Balkenholl*, H. *Bewer*, C., a.a.O.
[124] OLG Hamm, NJW 1970, S. 816.
[125] So in dem v. OLG Hamm entschiedenen Fall, NJW 1970, S. 815 f.
[126] OLG Hamm, a.a.O.

Sicherheit zu erwartenden Nutzung bestimmt war, festgesetzt[127]. Die Zivilgerichte hatten hier für Benutzungsart und Benutzungsfähigkeit ein ganzes System von Bewertungen entwickelt[128]. Unter dem Eindruck des immer stärkeren Auseinanderklaffens von Ertragswert und Verkehrswert hat der BGH[129], im Anschluß übrigens an frühere Entscheidungen des Reichsgerichts[130], den Verkehrswert als einzige Bemessungsgrundlage für Grundstücksbelastungen der hier erörterten Art anerkannt[131]. Der Ertragswert spielt nur mehr in einem Fall eine Rolle: als Berechnungsmodus des Verkehrswertes in dem Sinn, daß die Ertragsminderung die unterste Grenze der Verkehrswertminderung darstellt[132].

Diese Entwicklung ist für die Grundstücks- und Besitzwertentschädigung von großer Bedeutung — nicht nur deshalb, weil die Ertragswertberechnung für die Teilflächenentschädigung typisch und in der Regel nur bei dieser sinnvoll ist, so daß erst durch den Übergang zum Verkehrswert der Weg zu anderen Entschädigungsformen wirklich freigegeben wurde. Eine Ertragswertminderung läßt sich durchaus nicht immer für ein Gesamtgrundstück, nur sehr selten für einen größeren Besitz auf Grund einer Durchschneidung feststellen, die Verkehrswertberechnung dagegen löst sich stets mehr dort vom Ertragswert, wo Faktoren wie Geschlossenheit, Größe, Schönheit eines Besitzes erörtert werden. Mit der Verkehrswertberechnung hat die Rechtsprechung auch die Entscheidungsgewalt weitgehend auf Sachverständige faktisch übertragen, was gelegentlich kritisiert wird[133]. Sie hat schließlich *generell die Anforderungen an den Nachweis der Wertminderung abgesenkt*, wie unter IV. beim Verfahren noch näher darzustellen sein wird.

Die Verkehrswertberechnung ist daher im Ergebnis sehr eigentumsgünstig, sie trägt auch der vielfachen künftigen Verwertbarkeit des Grundeigentums schon im Ausgangspunkt Rechnung und ist daher letztlich voll eigentumsadäquat.

---

[127] So noch *Hamerla*, H. (FN 5), S. 107; *Joachim*, H. (FN 9), S. 473 f. m. Nachw.

[128] Dazu *Meyer - Thiel - Frohberg* (FN 103), S. 92 m. Rspr.-Nachw.

[129] Vgl. etwa RGZ 128, S. 261.

[130] Dazu etwa *Nordalm*, RdL 1958, S. 114; *Gieseke*, P. (FN 4), S. 118; *Balkenholl*, H., ·*Bewer*, C. (FN 10), S. 148; *Kindermann*, H. H. (FN 7), S. 76; *Bruns*, H., RdL 1970, S. 9.

[131] Grdl. BGH WM 1960, S. 73, std. Rspr.; vgl. dazu *Frohberg*, G. (FN 7), S. 2006/7; *Balkenholl*, H. H., *Bewer*, C., a.a.O., *Wagner*, H. (FN 14), S. 203.

[132] Dazu etwa BGH NJW 1964, S. 654; OLG Hamm, NJW 1970, S. 816; zur geringen Bedeutung des Ertragswertes in der Rechtsordnung *Foag*, A., Die Eigentumsbeschränkung durch Leitungsdienstbarkeiten, RdL 1963, S. 281.

[133] *Wagner*, H. (FN 14), S. 203.

II. Der Wert des betroffenen Grundstücks oder Besitzes

Zahlreiche Urteile zeigen jedoch, daß sich Sachverständige und Richter noch lange nicht in die ganz *neue Vorstellungswelt* hineingefunden haben, die mit der Verkehrswertberechnung verbunden ist. Immer noch wird häufig unter dem Vorwand einer Verkehrswertschätzung nichts anderes betrieben als eine Zukunftsprojektion des Ertragswertes, eine Ertragswertberechnung in die Zukunft. Es muß weit deutlicher noch werden, daß beide Werte *grundsätzlich verschieden* sind, indem einer allein auf Rendite, der andere zugleich auch auf Kapitalsicherung abstellt, was die Rechtsprechung immer wieder unterstrichen hat.

Erst wenn dieser Verkehrswertbegriff ganz ernst genommen, wenn er völlig von der Ertragsberechnung gelöst wird, kann die Phantasie des landwirtschaftlich-forstwirtschaftlichen Sachverstandes alle bedeutsamen Kriterien für die Grundstücks- und Besitzwertermittlung voll entfalten.

2. Der Begriff des Verkehrswertes; der „gesunde Grundstücksverkehr"

a) Der Verkehrswert eines Grundstücks ist auf den Betrag festzusetzen, der am Entschädigungsstichtag im „gesunden Grundstücksverkehr" dafür bezahlt würde. Diese Formel, welche die Gerichte, dem BGH[133a] folgend, ständig gebrauchen — gelegentlich ist auch vom „gewöhnlichen" Geschäftsverkehr[134] oder vom „normalen" Grundstücksverkehr[135] die Rede — geht auf ein Urteil des RG aus dem Jahre 1911 zurück[136]. Sie entspricht auch dem Begriff des Verkehrswertes im geltenden steuerlichen Bewertungsrecht (§ 10 Abs. II BewG):

„Der Gemeine Wert wird durch den Preis bestimmt, der im gewöhnlichen Geschäftsverkehr nach der Beschaffenheit des Wirtschaftsgutes bei der Veräußerung zu erzielen wäre. Dabei sind alle Umstände, die den Preis beeinflussen, zu berücksichtigen. Ungewöhnliche oder persönliche Verhältnisse sind nicht zu berücksichtigen."

Für die Ermittlung des Verkehrswertes sind von der Exekutive ferner Einzelrichtlinien aufgestellt worden. Die wichtigsten sind die „Richtlinien für die Bemessung der Entschädigung bei Inanspruchnahme landwirtschaftlicher Grundstücke und Betriebe"[137], die „Richtlinien für die Ermittlung und Prüfung des gemeinen Wertes (Verkehrswert) forstwirtschaftlich genutzter Flächen und für die Bemessung von Nebenentschädigungen"[138] sowie die auf Grund von § 141 Abs. IV BBauG von der

---

[133a] BGH NJW 1964, S. 653; BGH RdL 1967, S. 242.
[134] Heitzer - Oestreicher, BBauG, 4. A. S. 533.
[135] LG Dortmund, RdL 1970, S. 73.
[136] RGZ 128, S. 26.
[137] BMV v. 3. 8. 1963 - VkBl. S. 415.
[138] v. 1. 4. 1959, MBl. - BMELF 1959, S. 148.

Bundesregierung erlassene Verordnung über Grundsätze für die Ermittlung des Verkehrswertes von Grundstücken[139].

Diese Verwaltungs- und Rechtsverordnungen sind jedoch stets an den Grundsätzen zu messen, welche die Rechtsprechung unmittelbar aus Art. 14 GG abgeleitet hat.

b) Der „gesunde Grundstücksverkehr"[140] ist der *rechtsgeschäftliche* Grundstücksverkehr[141]. Bei seiner Feststellung scheiden also Entschädigungen für Enteignungsbelastungen in Vergleichsfällen aus. Ein Verkehrswert kann *nicht durch den Staat* gebildet werden.

Für den schätzenden Sachverständigen entsteht dadurch eine große Schwierigkeit, die wohl nicht immer voll bewußt ist: Er kommt nach seiner Praxis und Erfahrung, auf Grund deren er ja gerade in der Regel berufen wird, in die Versuchung, auf eigene oder ihm bekannte andere *Enteignungs*schätzungen zurückzugreifen und danach sein Urteil zu bilden. Dies aber ist unzulässig, weil der *rechtsgeschäftliche* Verkehr entscheiden muß. Das Schätzungsurteil muß also laufend an diesem soz. „korrigiert" werden — eine komplizierte und praktisch weder im einzelnen kontrollierbare noch meist überhaupt nachprüfbare gedankliche Operation.

Wie immer — eine allein oder überwiegend auf andere Enteignungsschätzungen gestützte Schätzung ohne entsprechende „Rückkoppelung" an den rechtsgeschäftlichen Verkehr ist fehlerhaft.

c) Der Verkehrswert entspricht dem *tatsächlich*[142] dauernd oder „nachhaltig" gezahlten Preis für ein Grundstück, d. h. es haben Kaufpreise, die aus persönlichen Gründen oder wegen ungewöhnlicher Umstände besonders hoch oder ungewöhnlich niedrig liegen, auszuscheiden[143]. Der BGH wertet dementsprechend zwar Vergleichspreise grundsätzlich als gute Indizien[144], die Rechtsprechung läßt sich aber nicht in allen Fällen darauf festlegen, gelegentlich zieht sie die Schätzung des Sachverständigen vor[145], und selbst Preise, die für Teile desselben Grundstücks erzielt worden waren, sind ihr nicht immer maßgebend[146].

Wesentlich kommt es eben auf die *gesamte Verkaufslage* an. Dabei spielt natürlich die steigende Nachfrage, der „Landhunger", eine große

---

[139] v. 7. 8. 1961, siehe die amtl. Begr. im Bundesanzeiger 1961, Nr. 154.
[140] Dazu aus d. Schriftt. u. a. *Dittus*, W. (FN 7), S. 719 f.; *Kindermann*, H. H. (FN 7), S. 74.
[141] *Dittus*, W., Bemessung der Entschädigung bei Enteignung von Ackerland, JuS 1964, S. 310.
[142] BGH NJW 1954, S. 653.
[143] BGH NJW 1963, S. 1493; vgl. *Dittus*, W., JuS 1964, S. 310.
[144] BGH WM 1960, S. 73; BGH RdL 1965, S. 127.
[145] Siehe etwa OLG Hamm, RdL 1963, S. 304.
[146] Beispiel: OLG Hamm, RdL 1971, S. 304.

II. Der Wert des betroffenen Grundstücks oder Besitzes

Rolle. Die Enteignungsgewalt weist immer wieder darauf hin, daß etwa in einem bestimmten Bereich die Nachfrage so groß sei, daß eine Verkehrswertminderung des betreffenden Grundstücks überhaupt nicht eintreten werde, weil das belastete Grundstück eben ohne Rücksicht auf die Belastung gekauft werden werde.

Läßt sich dies im einzelnen durch Vergleiche belegen, so ist sicher der Nachweis der Verkehrswertminderung mißlungen. Wesentlich ist jedoch, daß die Rechtsprechung bisher keine Vermutung dahin aufgestellt hat, daß etwa bei starker Nachfrage die Käufer die Belastung nicht berücksichtigen würden — im Gegenteil, sie geht laufend davon aus und zeigt dem Einwand der starken Nachfrage gegenüber deutliche Zurückhaltung[147].

d) „Die Qualität eines Grundstücks wird nicht nur durch seine natürlichen Eigenschaften, sondern *durch die Gesamtheit aller wertbildenden Faktoren* bestimmt"[148]. Der Verkehrswert wird eben „von allen Umständen tatsächlicher und rechtlicher" Natur bestimmt, die für den realen Wert eines Grundstücks maßgeblich sind[149]. In dieser Grundsatzentscheidung hat der BGH ausführlich dargelegt, daß neben den natürlichen Eigenschaften die Baugenehmigungs- und Bauplanungslage, aber auch die allgemeine gewerbliche Entwicklung in dem betreffenden Raum von Bedeutung ist, darüber hinaus sogar die allgemeine Konjunkturlage, ohne daß einem dieser „Faktoren" von vornherein ein Übergewicht zuerkannt werden könnte.

In der heutigen gesellschafts- und rechtspolitischen Situation besonders wichtig ist es, daß diese Rechtsprechung eindeutig einer beliebten „Theorie" der „Grundstückswertschöpfung durch staatliche Planung" eine klare Absage erteilt:

Nicht der Staat als solcher ist es, der allein durch sein Baurecht oder andere Normen den Wert von Grundstücken bestimmt, sondern es wirkt dieser Faktor mit anderen in einer grundsätzlich gar nicht auflösbaren Gemengelage zur Wertgestaltung des Grundstücks zusammen. Die anderen Faktoren aber sind „gesellschaftlicher" Art.

Nicht in Betracht kommt also hier eine „Abschöpfung staatsverursachter Gewinne" durch Senkung der Enteignungsentschädigung etwa in der Art, daß generell ein Teil des Wertes als „durch staatliche Planung verursacht" bei der Bemessung der Entschädigung nicht zu berücksichtigen wäre. Angesichts der integrativen Wirkung des „rechtsgeschäftlichen Verkehrs" auf die Bewertungsfaktoren wäre eine solche Herauslösung einzelner „staatsbestimmter" Faktoren auch gar nicht möglich.

---
[147] Siehe etwa OLG Nürnberg, RdL 1969, S. 296; scharf ablehnend in einem ähnlichen Fall auch BGH RdL 1963, S. 76.
[148] OLG Hamm, RdL 1971, S. 303.
[149] BGH NJW 1963, S. 1495 unter Hinweis auf BGHZ 31, S. 238 f.

B. Entschädigung für Wertminderung — Einzelheiten

Ob mit diesen Entschädigungsgrundsätzen, die sich aus der Verfassung ergeben, die Abschöpfungsregeln der Städtebauförderung vereinbar sind, bedürfte noch gesonderter Untersuchung.

e) Zusammenfassend lassen sich also aus dem *Begriff des „Verkehrswertes nach gesundem Grundstücksverkehr"*, wie er von der Rechtsprechung entwickelt worden ist, folgende *allgemeine Grundsätze für die Entschädigungshöhe* ableiten:

— Die *Entschädigung wird einheitlich*[150] durch den „rechtsgeschäftlichen Verkehr" bestimmt. Einzelne wertbildende Faktoren sind nie isoliert, sondern stets nur im Zusammenhang mit allen anderen zu berücksichtigen. Selbst soweit sie an sich „staatsbestimmt" sind (Bauplanung, Genehmigungen, Stoppreise) kommt es auf ihre Wertung auf dem „privaten Markt" an, der hier in seiner Beurteilung überhaupt nicht gebunden ist[151]. Die Entschädigung ist in vollem Umfang ein „gesellschaftlicher Preis", kein staatliches Entgelt.

— Es gibt in jedem Fall eine *Vielheit möglicher Wertbildungsfaktoren*, die Bewertung kann nie auf einen Faktor festgelegt werden.

— Eine generelle Vermutung für die Bedeutung oder gar das Übergewicht eines Faktors bei der Bewertung kann in keinem Fall anerkannt werden. Mit Schärfe hat sich der BGH stets gegen Versuche gewandt, hier etwa feste „Sub-Formeln" über das Wertbildungsgewicht einzelner Faktoren anzuerkennen — mit Recht: Die Judikative würde dadurch sogleich zum reinen Subsumtionsautomaten von Sachverständigenurteilen degradiert werden. Wenn sie deren Einzelaussagen schon nicht immer sachlich nachprüfen kann, so muß sie sich doch das Urteil über die jeweilige Gewichtung offenhalten.

— Die wertbildenden Faktoren stehen auch *nicht in einem numerus clausus*, in jedem Fall mag es andere geben, ihre Zahl ist generell unausschöpfbar. Auch hier wird aus den erwähnten Gründen jede Festlegung streng abgelehnt.

— Dem Verkehrswert ist eine gewisse *Flexibilität* eigen, er kann nie durch harten und absoluten Bezug auf ganz feste Größen ermittelt werden, denn diese müssen stets soz. durch die „Brille" eines rechtsgeschäftlichen Verkehrs gesehen werden, dem ein gewisses schwankendes Abwägen eigen ist. Der Sachverständige findet hier also einen wenn auch nicht übermäßigen, so doch beachtlichen Raum der freien Entscheidung. Wendet man verwaltungsrechtliche Kategorien an, so wird man ihn zwar dem Beurteilungsspielraum annähern müssen, bei dem nur eine Entscheidung richtig sein kann, die hier

---

[150] *Frohberg*, G. (FN 7), S. 2006.
[151] So BGH NJW 1963, S. 1496 f. am Beispiel der amtlichen Stoppreise; vgl. dazu auch OLG Düsseldorf 18 U 116/67 — v. 9. 1. 1969 (unveröff.).

II. Der Wert des betroffenen Grundstücks oder Besitzes

wenigstens de facto nicht nachprüfbar ist. Infolge der erwähnten Flexibilität, welche das „Nachempfinden des Marktpreises durch den Sachverständigen" verlangt, enthält dessen Entscheidung aber wohl auch Randelemente eines echten „Ermessens", innerhalb dessen der Sachverständige soz. selbst gedanklich als Käufer auftritt und eine entsprechend „freie" Wertung vornimmt.

— Die Bestimmung des Verkehrswertes wird immer auf eine bestimmte „Durchschnittsbeurteilung" der Faktoren wie der möglichen, aus ihnen abzuleitenden Gesamtwerte hinauslaufen. Das liegt nicht nur praktisch in der Natur der Sache, welche den Sachverständigen „zwischen die Parteien" stellt; es ergibt sich auch dogmatisch aus dem Wesen einer Entschädigung, welche eben „die Extreme meiden muß" und daher stets eine „Durchschnittstendenz auf den nachhaltig erzielbaren Preis hin" aufweisen wird.

f) Die Verkehrswertbestimmung hat sicher praktisch viel von einer echten *Billigkeitsentscheidung*, mag sie dies auch von Rechts wegen nicht sein. Sieht man die unter e) erwähnten Grundsätze zusammen, so sind die Bewertungsfaktoren und die daraus resultierende Methode derart „elastisch", daß für reine Billigkeit weiter Raum bleibt. Es mag hier dahinstehen, ob dies mit dem Gebot der Rechtsstaatlichkeit übereinstimmt, in dessen Namen doch gerade Wertersatz gewährt werden soll. Die Freiheit allerdings, welche sich bis zur bedenklichen Billigkeit steigern mag, ist weithin erforderlich, weil die Verkehrswertberechnung das Gewicht der Sachverständigen derart verstärkt hat, daß der Richter zu ihrem Ratifikationsorgan degradiert würde, wenn er sich nicht Gewichtungsfreiheit vorbehielte. Dies aber wäre erst recht mit den Staatsgrundlagen, vor allem mit dem Wesen der richterlichen Gewalt, nicht zu vereinbaren.

Im ganzen hält die Rechtsprechung hier also eine eigenartige „verfassungsrechtliche Mitte" zwischen Rechtsstaatlichkeit und Gewaltenteilung.

g) *Für Grundstücks- und Besitzwertbestimmung* schließlich sind die dargelegten Grundsätze von besonderer Bedeutung. Ihre Flexiblität ermöglicht überhaupt erst die Anerkennung solcher Werte. Beim Besitzwert ist die „Offenheit" der Bewertung von besonderer Wichtigkeit. Hier können im Einzelfall Gesichtspunkte zum Tragen kommen, die bei der Teilflächenentschädigung gar keine Rolle spielen, wie etwa Größe, Schönheit, Abgeschlossenheit eines Besitzes. Die Sachverständigen sollten durch die Elastizität, welche die Rechtsprechung so grundsätzlich, bis hin zur Billigkeit, zeigt, ermuntert werden, von bisherigen, „erprobten" Berechnungsweisen im Einzelfall ebenso abzugehen, wie von einem übermäßig detaillierten Nachweis. Der Sachverständige muß das Grundstück nicht anders, weitergehend sachverständig beurteilen, als es der rechtsgeschäftliche Verkehr, als es der „durchschnittliche Käufer" solcher Güter auch täte. Seine Genauigkeit muß darauf zielen, die Figur dieses Käufers möglichst eindeutig zu zeichnen, seine Beweggründe optimal zu erkunden, nicht aber darauf, diese Beweggründe auf ihre objektive, wirtschaftliche Berechtigung zu prüfen. Der Sachverständige ist kein Richter, sondern ein Erforscher des „gesunden Grundstücksverkehrs". Beide gedanklichen Operationen werden sich im einzelnen nicht immer eindeutig trennen lassen; sie müssen jedoch stets in ihrer prinzipiellen Unterschiedlichkeit dem Sachverständigen bewußt bleiben.

Schließlich darf die Beurteilung des Sachverständigen nicht eine rein technisch-ökonomische sein, sie darf nicht allein auf den Gegenstand, das Grundstück, sehen, sondern auch auf den Eigentümer. In diesem Sinn wäre eine gewisse „grundstücksverkehrssoziologische" Betrachtungsweise erforderlich, welche auf die virtuellen Käuferschichten und ihre Gewohnheiten abstellt. Eine „rein" land- oder forsttechnische Betrachtungsweise kann jedenfalls nicht genügen, welche nur von der Sachqualität ausgeht und kurzer Hand unterstellt, der Grundstücksverkehr werde diese schon richtig beurteilen, ebenso wie der Sachverständige, der ganz allein nach technischen Gegebenheiten urteilt.

Alle diese Gesichtspunkte haben bei Teilflächenentschädigung nicht das gleiche Gewicht; es ist daher verständlich, daß die Erfassung des Verkehrswertes neue, extreme Schwierigkeiten mit sich bringt. Dennoch gibt die Rechtsprechung den Sachverständigen aus dem Begriff des Verkehrswertes heraus alle Freiheit, welche sie brauchen, sicher mehr, als die meisten annehmen.

Aus dem Begriff des Verkehrswertes ergeben sich die eben dargelegten allgemeinen Gesichtspunkte. Die Rechtsprechung hat jedoch auch besondere Kriterien herausgearbeitet, nach welchen in der Regel zu verfahren ist, und die auch für Grundstücks- oder Besitzwertentschädigung von Bedeutung sind. Ausgangspunkt war meist die Bauerwartung.

3. Entschädigung für „künftigen Wert"

Oberster Grundsatz des Grundstücksentschädigungsrechts ist, daß für den Rechtsverlust Ersatz zu leisten ist und für die „*weiteren Nachteile*" welche durch den Eingriff entstehen[152]. Entschädigungsfähig ist also nicht die „reine Zukunftschance"[153], das was noch nicht feststellbar[154]

---

[152] Dazu f. viele *Gieseke*, P. (FN 4), S. 118; *Frohberg*, G. (FN 7), S. 2006, 2008.
[153] *Kindermann*, H. H. (FN 7), S. 74.
[154] *Hamerla*, H. (FN 5), S. 105.

II. Der Wert des betroffenen Grundstücks oder Besitzes

und daher als „reiner Folgeschaden" anzusehen ist[155]. Nicht unerhebliche Schwierigkeiten bereitet aber die Abgrenzung dieser Begriffe, vor allem bei Bauerwartung. Auch hier sind natürlich die allgemeinen Grundsätze heranzuziehen, d. h. es kommt auf die allgemeine Verkehrsauffassung an[156], nicht aber auf die konkrete Nutzung[157], und es sind alle vielfältigen Wertfaktoren zu berücksichtigen[158]. Im einzelnen hat die Rechtsprechung darüber hinaus aber noch folgende Grundsätze entwickelt:

a) Es gibt *Zwischenstufen* zwischen dem „Baustellenland" und Flächen, auf deren Bebauung keinerlei Hoffnung besteht[159]. Entscheidend ist dann eben, wieviel ein besonnener Käufer für solches „Bauerwartungsland"[160] geben wird. Die „Begriffe" sind aber unerheblich, mit der Einreihung unter einen von ihnen sind dogmatisch keine Entscheidungen, keine „Vermutungen" für irgendwelche entschädigungsfähige „künftige Werte" gefallen[161]. Es muß vielmehr „jeweils geprüft werden, wie das unter diesen Bezeichnungen verstandene Gelände im Geschäftsverkehr bewertet wird". Der BGH wacht streng darüber, daß die Entscheidungsfreiheit der Judikative bei der Festsetzung der Entschädigungshöhe nicht durch ein „paragesetzliches Begriffsgeflecht" eingeengt wird.

Dies gilt auch für Grundstücks- und Besitzwert. Zwar liegt hier der Versuch, feste „Zwischenbegriffe" genereller mehr oder weniger günstiger Verwertbarkeit zu schaffen, nicht so nah wie bei Teilflächen, welche Bauland werden können. Schätzungen sollten aber auch nicht ansatzweise versuchen, aus irgendwelchen „Wertbegriffen" Wertvermutungen zu gewinnen oder auch nur überhaupt irgendwie aus ihnen zu deduzieren. Die Rechtsprechung zeigt hier eine sehr deutliche „Begriffsängstlichkeit", weil sie eine rein induktive Methode erzwingen will. Bei Schätzungen muß daher jeder auch nur entfernte Versuch einer systematischen Begrifflichkeit oder gar einer echten Bewertungssystematik sorgfältig vermieden werden. Der „unvergleichliche Einzelfall" muß im Vordergrund stehen, verbal und sachlich, nicht aber „Begriffe".

b) Entschädigt werden kann nur für Minderung einer Chance, die bereits in *„greifbarer Nähe"* ist[162]. Diese Voraussetzung wird aber von

---
[155] *Joachim,* H. (FN 9), S. 475 m. Nachw. zur früheren Rspr. d. BGH.
[156] BGH WM 1960, S. 73.
[157] BGH a.a.O., S. 72.
[158] BGH NJW 1963, S. 1495 m. Nachw.
[159] BGH NJW 1963, S. 1493 unter Hinweis auf frühere Rspr. d. RG.
[160] LG Dortmund, RdL 1970, S. 73.
[161] BGH NJW 1964, S. 653.
[162] BGHZ 28, S. 163 m. Nachw.; BGH WM 1960, S. 72.

der Rechtsprechung nicht allzu eng und in der Regel unter deutlicher Berücksichtigung der Eigentümerinteressen ausgelegt. Es genügt z. B. schon, wenn „die Umstände so liegen, daß die Bebaubarkeit für eine absehbare Zeit, wenn auch nicht unumstößlich sicher feststeht, sie aber doch mit *mehr oder weniger großer Wahrscheinlichkeit zu erwarten oder zu erhoffen ist*" (Herv. v. Verf.)[163]. Auch bei geringerer Bauerwartung wird eine — wenn auch entsprechend geringere — Entschädigung zugesprochen[164].

Bedeutsam ist hier für die Grundstücks- und Besitzwertermittlung ein Zweifaches:

— An die „greifbare Nähe", in welcher der „künftige Wert" feststellbar sein muß, werden von der Rechtsprechung *keine gesteigerten Anforderungen gestellt*.

— Die „Nähe" der Zukunftchance ist *stufenweiser Steigerung* fähig, dem müssen sodann die Entschädigungsstufen entsprechen. Es ist also jede Nuancierung möglich, welche der jeweilige Einzelfall nahelegt. Es gibt nicht etwa eine *feste* „Chancenschwelle", jenseits von welcher jede Entschädigungsmöglichkeit sogleich aufhört.

c) Nicht zu ersetzen sind „reine" Spekulationsaussichten, aber auch nur sie[165]. Die Rechtsprechung ist auch hier deutlich eigentumsfreundlich, sie faßt den Begriff der „reinen" Spekulation sehr eng; so heißt es etwa[166]:

„Spekulationserwägungen einer Käuferschicht, die u. a. die verkehrsgünstige und stadtnahe Lage eines Grundstücks in Betracht zieht oder eine wertbeständige und wertsteigernde Kapitalanlage sucht, können durchaus wertbildende Faktoren sein."

Außer Betracht bleiben also nur „Spekulationen, die nicht an bestimmte, feststellbare Zustände oder Gegebenheiten anschließen" (OLG Köln).

Damit hat die Judikative allerdings den Begriff der „Spekulation" als Negativkriterium überhaupt fallen lassen. Eine „reine Spekulation" in diesem Sinne kann es ja gar nicht geben, weil „doch schließlich niemand ins Blaue hinein, sondern immer nach Anhaltspunkten spekuliert"[167]. Das aber, was gemeinhin als Spekulation angesehen wird, die Hoffnung, daß sich aus gewissen Anhaltspunkten eine Wertsteigerung

---

[163] OLG Hamm, RdL 1971, S. 155. Zutr. auch die Polemik von *Meyer-Thiel-Frohberg* (FN 103), S. 91 m. Nachw. gegen Versuche, die Geltung dieses „von der Rspr. ständig betonten Grundsatzes" einzuschränken.
[164] OLG Hamm, RdL 1971, S. 305.
[165] BGH RdL 1965, S. 127; BGH NJW 1963, S. 1493; OLG Köln, RdL 1964, S. 23; vgl. dazu auch *Dittus*, W. (FN 7), S. 719.
[166] OLG Köln, a.a.O.
[167] *Dittus*, W. (FN 7), S. 720.

künftig ergeben könne, *das ist generell eben wertschaffend*. Der Begriff „Spekulation" ist seit langem derart mit negativen Vorstellungen belastet, daß es verständlich ist, daß die Richter ihrer Verwerflichkeit, die ja doch offensichtlich für jedermann feststeht, einen verbalen Tribut entrichten, indem sie eine „reine Spekulation" nicht gelten lassen wollen. In Wahrheit aber hat die Rechtsprechung in diesem Bereich das voll anerkannt, was man eben im Geschäftsverkehr als „Spekulation" bezeichnet. Es muß auch nicht etwa „irgendwo innerhalb der Spekulation eine Grenze bei der Berücksichtigung künftiger Werte" gezogen werden — diese Gesetze verläuft da und nur da, wo die Spekulation endet: Wenn sich nämlich keine Spekulanten mehr finden, so gibt es eben den entsprechenden Verkehrswert nicht. Bieten sie aber, so kommt es auf die Gründe gar nicht an, die sie veranlassen; und wenn es ein „nachhaltiges Angebot" ist, so kann man es in einer Marktwirtschaft nicht einfach damit abtun, daß es „unbesonnen" sei. Wenn der Richter den Verkehrswert ernst nehmen will, so kann er ihn eben nicht selbst, direkt oder indirekt, bestimmen wollen. Beim „gesunden Grundstücksverkehr" liegt der Akzent nicht auf dem ersten, sondern auf dem zweiten Wort. Das erste wirkt nur in extremen Fällen randkorrigierend.

Mit Recht huldigt also die Rechtsprechung nicht etwa einer irrationalen, heute so weitverbreiteten Spekulantenangst. Für die Grundstücks- und Besitzwertermittlung ist dies von größter Wichtigkeit. Gerade hier, wo sich die Werte nicht immer so eindeutig feststellen lassen, wie bei einzelnen qm von Teilflächen, kann der Verkehrswert weithin nur unter Berücksichtigung spekulativer Überlegungen bestimmt werden. Die Schätzer müssen davor jedoch keineswegs zurückschrecken. Sie können alle Zukunftserwartungen realisieren, welche sich irgendwie auf Umfang und Qualität des Besitzes zurückführen lassen. Sie werden dabei weithin auch von einem Gesetz ausgehen können, nach dem die Spekulationsmöglichkeiten häufig beim Grundbesitz mit seiner Größe zunehmen, weil der Erwerber die Chance einrechnet, mit „irgendeinem Teil des Besitzes" seine Erwartungen befriedigen zu können und daher gar nicht gezwungen ist, auf eine Karte nur zu setzen, wie dies bei kleinerem Besitz der Fall sein mag. In diesem Sinn nimmt dann sogar mit steigender Besitzgröße die Zugkraft des Einwandes „reiner Spekulationen" ab.

d) Die *Lage eines Grundstückes oder Besitzes* im Sinne des Erschließungsgrades sowie der Nähe zu Verkehrswegen, Siedlungs- oder gar Ballungsgebieten ist zwar nicht allein entscheidend für die Baulanderwartung[168], spielt für sie jedoch in der gerichtlichen Praxis eine häufig entscheidende Rolle[169]. Die Oberlandesgerichte halten sich mit der Be-

---

[168] z. B. OLG Köln, RdL 1963, S. 168; siehe auch BGH NJW 1963, S. 1495.

tonung der Bedeutung dieses Umstandes ersichtlich nur deshalb zurück, weil sie nicht in die Gefahr kommen wollen, gegen den vom BGH streng gewahrten Grundsatz zu verstoßen, daß stets alle, jedenfalls aber verschiedene wertbildende Faktoren berücksichtigt werden müssen.

Gerade bei der Feststellung des Wertes eines größeren Grundstücks oder gar eines Besitzes wird also diese „konkrete Lage" stets von entscheidender Bedeutung sein. Liegt ein ausgedehnter Besitz in der Nähe von entwicklungsintensiven Ballungsräumen, so wird sich dies in der Regel wertsteigern auswirkend — sei es wegen der größeren Wahrscheinlichkeit der wenigstens teilweisen Umstufung, die sich allerdings in der Regel nicht auf bestimmte Flächen lokalisieren läßt, sei es auch wegen des Wertes einer ballungsnahen Erholungsmöglichkeit. Diesen und ähnlichen Erwägungen des Umweltschutzes kommt überhaupt in Zukunft sicher erheblich wertsteigernde Bedeutung zu, was größeren, zusammenhängenden Grundbesitz anlangt. Verkehrsgünstige und stadtnahe Lage werden jedenfalls in aller Regel jene „Anhaltspunkte" geben, auf die sich sogar „die Spekulation stützen darf".

Diese Gesichtspunkte der konkreten Lage können heute wohl schon als eine echte „Vermutung für Wertsteigerung" angesehen werden, welche die Gerichte gelten lassen. Diese gehen sogar noch weiter: Die Lage allein schon in einem Industriegebiet ist von wertsteigernder Bedeutung, weil dort erfahrungsgemäß mit häufiger Umstufung gerechnet werden dürfe[170]. Zwar kann diese Vermutung wohl nur zusammen mit anderen, konkreteren Anhaltspunkten von wertsteigernder Bedeutung werden. Immerhin aber schafft sie, gerade für größeren Grundbesitz in solcher Lage, doch eine entschädigungsgünstige Grundstimmung, auf welche bei Schätzungen Rücksicht zu nehmen ist.

e) *Nicht überbewertet werden darf die Bedeutung der Planung* für die Baulanderwartung und damit überhaupt für den Wert von Grundbesitz:

„Die Planung bestimmt nicht allein und nicht ausschließlich die Bebaubarkeit eines Grundstücks, und eine die Bebauung ausschließende vorläufige oder endgültige Planung muß nicht unbedingt einer zu erwartenden Bebauung entgegenstehen, wenn die Planung auch im Einzelfall die konjunkturelle Entwicklung eines bestimmten Geländes endgültig abschließen und die Bebauungsmöglichkeiten für die Zukunft effektiv ausschließen kann[171]."

Wiederum kommt es eben auf die Wertung an, welche der „gesunde Grundstücksverkehr" der jeweiligen Planungslage angedeihen läßt. Dieser Grundstücksverkehr unterscheidet zwar nach vorbereitenden und

---

[169] Beispiele: BGH RdL 1960, S. 51; OLG Hamm, RdL 1963, S. 304; OLG Köln, RdL 1964, S. 23; OLG Hamm, RdL 1971, S. 304.
[170] BGH, RdL 1963, S. 75; BGH NJW 1963, S. 1495.
[171] BGH NJW 1964, S. 653.

II. Der Wert des betroffenen Grundstücks oder Besitzes 63

verbindlichen Plänen[172]; er rechnet aber, und dies ist entscheidend, auch mit deren künftiger Abänderbarkeit und sieht daher „die Planung in Wechselwirkung zu den aus Lage und Beschaffenheit des Grundstücks sich ergebenden Umständen" (BGH). Das oberste Zivilgericht versteht also das Planungsrecht nicht als ein staatliches Zwangsinstrument, durch welches die baulich-gesellschaftliche Entwicklung in eine bestimmte Richtung gelenkt werden soll, sondern lediglich als „Ermöglichung und Erleichterung eines geordneten Zusammenlebens" der Bürger, welche aber primär selbst aufgerufen sind, die durch Planung dann zu ordnenden Verhältnisse außerstaatlich zu schaffen. Daß diese liberale Planungsvorstellung des BGH nicht im Einklang mit gewissen heutigen Vorstellungen der Gesellschaftsveränderung durch Bauplanung steht, sei hier nur am Rande erwähnt. Der BGH will jedenfalls nicht das Entschädigungsrecht als Zwangssanktion der Planung einsetzen und dieser dadurch erhöhte Bedeutung zusprechen — im Gegenteil: Er will die Planung offenhalten für gesellschaftliche, außerstaatliche Entwicklungen und geht daher nicht von der Planung, sondern von deren Beurteilung durch den Markt aus. Umgekehrt hält er es z. B. auch für möglich, daß ein baureifes Grundstück keinen Baulandwert hat, weil mit seiner Bebauung nach den konkreten Umständen nicht zu rechnen sei.

Schätzungen werden dadurch gerade bei Besitzwertminderung häufig erheblich erleichtert werden. Müßte man stets den Wert nach der effektiven Planung bestimmen, so wäre dies meist unmöglich. Planungserwartungen auf dem Markt sind dagegen umso wahrscheinlicher, je größer ein Besitz ist, je vielfältigere Planungseinflüsse bei ihm zu erwarten stehen. Gerade dann mag es ja auch naheliegen, den Besitz geschlossen zu verkaufen, weil in dieser Einheit dann alle diese Chancen ruhen, die vielleicht zunächst noch nicht auf einzelne Flächen lokalisierbar sind. Die Beschränkung der Bedeutung der Planung kann sich also durchaus besitzwertgünstig auswirken.

Im *Ergebnis* wird also der „künftige Wert" bei Grundbesitz in erheblichem Maße berücksichtigt, im ganzen wohl viel weitergehend als bei geschäftlichen Chancen, die ja auch tatsächlich stärkerer Veränderung ausgesetzt sind. Sicher mag sich dies einmal bei nachlassendem „Landhunger" abschwächen. Solange die jetzige allgemeine Konjunktur anhält, wird aber in der Regel der irgendwie absehbare Wert durchaus auch entschädigungsfähig sein. Zurückhaltung ist hier nicht angebracht.

---

[172] Näher dazu wie zu dem ganzen Fragenkreis m. Rspr. Nachw. das Grundsatzurteil des BGH NJW 1963, S. 1495.

4. Entschädigung für „gefühlsmäßige Werte"

Für Affektionsinteressen des jeweiligen Eigentümers wird nach allgemeinem Entschädigungsrecht kein Ersatz gewährt. Gerade mit Hinweis darauf könnte in Fällen von Grundstückswert-, vor allem aber von Besitzwertentschädigung Ersatz verweigert werden. Beispiele: Der Eigentümer empfindet Leitungen, die sein Grundstück durchschneiden, als besonders störend, als unästhetisch; er freut sich am zusammenhängenden, geschlossenen Forstbesitz, der durch eine Leitung geteilt werden soll; oder er schätzt die Abgeschlossenheit eines Besitzes, der nun durch eine Verkehrstrasse dem Publikum geöffnet werden soll. Es liegt auf den ersten Blick nahe, in diesen Fällen reine Affektionsinteressen anzunehmen und Ersatz abzulehnen. Dies wäre jedoch unrichtig.

Einen Grundsatz, daß „aus gefühlsbetonten Gesichtspunkten keine Wertsteigerungen hergeleitet werden können", gibt es nicht[173]. Wenn etwa Erwerber solcher Grundstücke das Vorhandensein einer (auch unterirdischen) Leitung als eigentumsstörend „empfinden", so kann dies durchaus ein wertbildender Faktor sein[174]. Hier ist auch das Wort „Gefühl" gar nicht am Platze — das Grundstück wird niederer bewertet, und zwar meist aus sehr rationalen Erwägungen künftiger Verwendbarkeit. Es geht aber nicht an, alles, was sich nicht sogleich voll beziffern läßt, auszuschließen[175]. Spekulationen sind nicht Gefühlsreglungen, sondern Versuche rationaler Zukunftsberechnung.

Der Praxis entsprechen vielmehr Überlegungen, wie sie Bruns anstellt[176]:

„Die betriebswirtschaftlichen und Ertrags-Überlegungen werden bei der Kaufpreisbildung meist von ganz anders gearteten subjektiven, zum erheblichen Teil gefühlsbetonten Erwägungen überdeckt. Für diese subjektiven Überlegungen wirkt sich z. B. die Tatsache depressiv aus, daß die bis dahin gegebene Harmonie des geschlossenen Grundbesitzes mit der Deformierung durch die Verkehrslage gestört, wenn nicht gar völlig beseitigt ist. Der neue Verkehrsweg ist dann nicht nur betriebswirtschaftlich, sondern auch gefühlsmäßig schon für den betroffenen Eigentümer und noch mehr für die Vorstellung des Kaufinteressenten ein störender Fremdkörper, der über die betriebswirtschaftlichen Überlegungen hinaus Enttäuschung, Unbehagen und Ablehnung auslöst und zusätzlich kaufpreisdrückend und wertmindernd wirkt. Potentielle Käufer, die das Objekt vor und nach dem Eingriff zum Kauf angeboten erhalten und es beide Male eingehend besichtigen, werden erfahrungsgemäß, wenn sie nicht nach dem Eingriff überhaupt das Kaufinteresse verlieren, von dem nach der ersten Besichtigung gebotenen Kauf-

---

[173] *Kindermann*, H. H. (FN 7), S. 76.
[174] So richtig *Gieseke*, P. (FN 4), S. 119.
[175] Ein Beispiel dafür bei *Joachim* H. (FN 9), S. 476, der zu Unrecht den Landwirten eine „gefühlsmäßige Aversion" gegen die Belastung des Grundstücks in Abt. II des Grundbuchs unterstellt.
[176] RdL 1970, S. 9.

preis einen erheblichen Abschlag machen, der weit über den Wert der entzogenen Teilfläche und über die ermittelten wirtschaftlichen Nebenschäden hinausgeht, also eine echte Wertminderung des Resteigentums bewirkt."

Dies entspricht denn auch der Rechtsprechung. Das OLG Köln hat entschieden[177]:

„Gerade für die Höhe des Verkehrswertes eines Grundstücks sind nicht nur objektive Umstände, sondern auch subjektive, mitunter sogar rein gefühlsbetonte Gesichtspunkte maßgebend. Daher muß auch eine rein gefühlsmäßige Abneigung bestimmter Käuferschichten gegen technische Einrichtungen, insbesondere gegen Starkstromleitungen, mit in Betracht gezogen werden."

Anders mag dies dann liegen, wenn es sich um eine unterirdische Leitung handelt, welche keine derartigen „Emotionen" wecken kann[178]. Die früher gelegentlich vertretene Auffassung, der Unterschied zwischen einem belasteten und einem unbelasteten Grundstück wirke sich bei der Entscheidung zugunsten des letzteren lediglich gefühlsmäßig und daher nicht entschädigungsfähig aus[179], läßt sich angesichts der neueren Rechtsprechung des BGH nicht mehr halten, der ausdrücklich hier die entgegengesetzte Vermutung aufstellt[180].

Die Diskussion um die „gefühlsmäßigen Werte", Aversionen u. ä. m. sollte überhaupt beendet werden. Sie wird mit falschen Begriffen geführt, denn meistens sind die „gefühlsmäßigen" Elemente eben nur solche, die praktisch schwer schätzbar oder bisher noch wenig bekannt sind. Dies alles sind rationale Erwägungen, die man akzeptieren mag oder nicht, die man aber nicht als „Gefühle" abtun kann. Und wenn sie schon unbedingt „subjektiv" genannt werden sollen — der Markt berücksichtigt eben auch und vor allem solche Erwägungen, wenn sie sich nachweisen lassen, und auf ihn kommt es ja an.

Für die Grundstücks- und vor allem die Besitzwertermittlung ist es von großer Bedeutung, daß unter Hinweis auf „Gefühl" nicht schlechthin die Entschädigung ausgeschlossen werden kann. Es kommt eben allein darauf an, ob nur der Eigentümer solche „Gefühle" hat, oder ob diese von breiteren Käuferschichten geteilt werden. Dies ist in all den erwähnten Fällen eindeutig zu bejahen. Besitzwertfaktoren solcher Art gibt es viele, sie lassen sich nicht absehen, nicht katalogisieren und geraten daher leicht in den Geruch des „rein Gefühlsmäßigen". Es ist deshalb wichtig, daß gerade beim Besitzwert, unbekümmert um solche pauschale Einwendungen, der Blick auf den Markt gerichtet wird, und daß er auch voll geöffnet bleibt für „typische Besitzerwägungen", die aus der Sicht einer mechanistischen Teilflächenentschädigung als sub-

---
[177] RdL 1963, S. 159; grds. ebenso auch OLG Köln, RdL 1964, S. 24.
[178] OLG Köln, RdL 1964, S. 24.
[179] So etwa noch OLG Celle, RdL 1964, S. 51 m. Rspr. Nachw.
[180] Vgl. dazu unten III a. A.

jektiv erscheinen mögen, sich in Wahrheit aber meist sehr leicht „rationalisieren" lassen.

Auch hier wieder geht es eben um die „Grundstimmung" der Bewertung: Sie muß frei sein von Angst vor dem „Subjektiven".

III. Die Wertminderung von Grundstück und Besitz bei Durchschneidungen

Im Kapitel II wurde verdeutlicht, wie der Wert der betroffenen Grundstücke oder des Besitzes nach geltendem Enteignungsrecht festgestellt wird, welche Gesichtspunkte dabei wichtig oder bedeutungslos sind. Im folgenden Kapitel soll nun dargelegt werden, welche Beeinträchtigungen, im allgemeinen wie im besonderen, im Durchschneidungsfall als wertmindernd angesehen werden. Auch hier wieder gilt es, die vor allem bei der Teilflächenenteignung entwickelten Vorstellungen auf die hier zu untersuchenden Probleme zu übertragen.

1. Die Vermutung für die Beeinträchtigung des Grundstückswertes bei Durchschneidung

a) Der BGH hat eine Vermutung dafür aufgestellt, daß der Verkehrswert eines Geländes durch Überspannung gemindert werde:

„Mit diesen Erwägungen hat das Berufungsgericht lediglich auf die Beeinträchtigung der Benutzbarkeit der Grundstücke als landwirtschaftliche Grundstücke abgestellt. Das allein ist jedoch nicht entscheidend. Vielmehr muß auch für die Frage, ob die Grundstücke als reines Ackergelände durch die Überspannung in ihrem Wert beeinträchtigt sind, darauf abgestellt werden, ob und in welcher Weise der gesunde Grundstücksverkehr bei der Bewertung derartiger Gelände die Belastung mit Dienstbarkeiten der hier in Rede stehenden Art wertmindernd berücksichtigt. Daß, so gesehen, auch bei reinem Ackerland eine Wertminderung durch eine Überspannung mit einer Freileitung nicht eingetreten sei, wird nur in besonderen Ausnahmefällen angenommen werden können, wenn etwa Ertrags- und Verkehrswert solchen reinen Ackerlandes sich — ausnahmsweise — decken und auch der gesunde Grundstücksverkehr tatsächlich dem Vorhandensein der Freileitung bei der Bewertung der Grundstücke eine wertmindernde Bedeutung nicht beimißt. Denn der gesunde Grundstücksverkehr wird in der Regel auch selbst rein landwirtschaftliches Gelände, das mit einer Freileitung überspannt ist, geringer bewerten als ein landwirtschaftliches Gelände, bei dem im übrigen die wertbildenden und den Preis bestimmenden Faktoren gleich sind, eine Freileitung jedoch nicht vorhanden ist[181]."

Ebenso haben die Oberlandesgerichte in ständiger Rechtsprechung für alle Leitungen entschieden[182]. Sie gehen in allen Fällen davon aus,

---
[181] BGH NJW 1964, S. 654.
[182] OLG Hamm, RdL 1962, S. 82 (Öl- und Wasserleitung); OLG Hamm, RdL 1963, S. 74; OLG Köln, RdL 1963, S. 159; OLG Hamm, RdL 1966, S. 163; OLG Hamm, RdL 1968, S. 270; OLG Nürnberg, RdL 1969, S. 296.

III. Wertminderung von Grundstück und Besitz bei Durchschneidungen

daß das Vorhandensein der Leitung und die sie sichernde Eintragung ins Grundbuch allein schon *stark wertmindernd* wirkt. „Ein Käufer, der die Wahl zwischen zwei der Qualität nach gleichwertigen landwirtschaftlich nutzbaren Grundstücken hat, wird sicherlich das unbelastete Grundstück dem mit einer Starkstromleitung überspannten vorziehen und für das unbelastete Grundstück einen höheren Preis anzulegen bereit sein[183]." Damit wird der früher häufig geäußerte Einwand[184] generell zurückgewiesen, dies seien konstruierte Fälle[185], einen Vergleich und damit eine wirkliche Wahl zwischen zwei solchen gleichwertigen Grundstücken gebe es nicht, hier würden lediglich Gefühle honoriert.

b) Es handelt sich auch um eine *echte Vermutung*: Das Gegenteil kann ausnahmsweise der Fall sein[186], doch bedarf es des besonderen Nachweises[187]. Diese Vermutung spricht für eine „erhebliche", „starke" Wertminderung. Dies ist deshalb von Bedeutung, weil die Wertminderung also nicht mit der Bemerkung generell abgelehnt werden kann, es handle sich ja nur um eine „geringfügige" Beeinträchtigung, für die ohnehin Ersatz nicht zu leisten sei[188].

Die Vermutung der Durchschneidungsschädigung, die a fortiori natürlich für eine Verkehrsstrasse gelten muß, soweit nicht Vorteilsausgleich eingreift, hat vor allem die Bedeutung, daß der Grundbesitz in seiner *Wertentwicklungsmöglichkeit*[189] vom Richter ebenso gewürdigt werden soll, wie die potentiellen Käufer dafür in der Regel einen höheren Preis zu entrichten bereit sind. Die starke Gebundenheit der Grundstücksrechte durch staatliche Normsetzung und unterschiedliche Formen der Planung wird eben im Ergebnis dadurch wieder wertmäßig ausgeglichen, daß sich alle diese Umstände ändern können und daß Grundbesitz das „vielfach verwertbare aber konstante Gut par excellence" ist.

c) Für Grundstücks- und Besitzwert ist dabei wichtig, daß in der entscheidenden Frage der „grundsätzlichen Belastung" ein Nachweis der Wertminderung bei Durchschneidung *überhaupt nicht erforderlich* ist. Ein Grundurteil könnte also ohne jede Schätzung, allein schon aus der Tatsache der Durchschneidung heraus, ergehen. *Dies muß auch für*

---

[183] OLG Köln, RdL 1963, S. 159 im Anschluß an *Nordalm*, RdL 1958, S. 114.
[184] Vgl. etwa *Joachim*, H. (FN 9), S. 475 f.
[185] So etwa LG Aachen 2 O 172/60 v. 23. 11. 1961 (unveröff.).
[186] BGH NJW 1964, S. 654.
[187] OLG Nürnberg, BdL 1969, S. 296; OLG Düsseldorf 18 U 116/67 v. 9. 1. 1969 (unveröff.). Ein Urteil wie das des LG Aachen (vgl. FN 185), nach dem es der Landwirt auf den landwirtschaftlichen Ertrag abstellt, wäre heute also nicht mehr möglich.
[188] *Hamerla*, H. (FN 5), S. 105 m. Nachw.
[189] Vgl. *Foag*, A., RdL 1964, S. 52.

Besitzwertminderung anerkannt werden. Es ist nicht einzusehen, warum die Vermutung bei einem Grundstück gelten soll, nicht aber bei einem Besitz, dessen Wert doch nur deshalb entschädigungsfähig ist, weil die in ihm zusammengefaßten Grundstücke in einem engen, entschädigungsrechtlich relevanten Zusammenhang stehen. Dieser macht doch die Wertminderung des einen Grundstücks zu einer solchen des ganzen Besitzes. Besteht also eine Vermutung für jene, so auch für diese.

Die praktische Bedeutung dieser Vermutung hinsichtlich des Grundes ist weittragend, sie hat auch für die Höhe der Entschädigung eine gewisse Bedeutung. Man wird hier nun nicht einfach deshalb zögern können, weil es Berechnungsschwierigkeiten gibt. Ist eine Beeinträchtigung vorhanden, so *muß* für sie Entschädigung gewährt werden, ist die Bezifferung unmöglich, so muß freie Schätzung eingreifen. Mit der Vermutung dem Grunde nach ist also auch eine Entscheidung für das freie Schätzungsverfahren[190] gefallen. Im Ergebnis führt das auch zu Pauschalierungen des Wertersatzes, also zu einer „Vermutung der Höhe der Entschädigung", die praktische Beweislast kehrt sich in vollem Umfang um und trifft nahezu durchgehend die Enteignungsgewalt. Dies ist nicht nur prozessual von Gewicht, es gibt auch dem schätzenden Sachverständigen weitgehende Freiheit. Da er zum Ziel (der Bestimmung der Höhe der Entschädigung) kommen *muß*, wird man „im Zweifel" seine Methoden akzeptieren.

Dies bedeutet allerdings nicht, daß nicht Einzelberechnungen anzustellen wären. Die Rechtsprechung hat selbst dafür gewisse Grundsätze aufgestellt. Sie läßt erkennen, welche Gesichtspunkte sie für eine Wertminderung als wesentlich ansieht — allerdings wiederum in einer gewissen Pauschalierung. Nur selten äußern sich Gerichte ausdrücklich zu den im folgenden dargelegten Grundsätzen, die im Schrifttum herausgearbeitet wurden. Sie gehen jedoch von den Schätzungen aus, welche solche Gesichtspunkte zugrundelegen.

2. Ertragswertminderung als Verkehrswertminderung

Die Ertragswertminderung ist *als solche nur* als *eine der* Beurteilungsgrundlagen des Wertes seitens des „gesunden Grundstücksverkehrs" von Bedeutung. Dennoch kann und muß sie herangezogen werden — gerade weil sie zugleich Verkehrswertminderung darstellen kann. Bei einzelnen Erscheinungsformen mag dies deutlicher sein als bei anderen.

a) *Bewirtschaftungserschwerung:* Sog. „Wirtschaftserschwernisse" können entstehen „z. B. durch eine ungünstige Gestaltung des Restgrundstückes oder durch die Durchschneidung eines Grundstücks durch

---
[190] Dazu unten IV., 1.

III. Wertminderung von Grundstück und Besitz bei Durchschneidungen

einen öffentlichen Weg und die damit verbundene Vermehrung der Ecken und Winkel bzw. das öftere Wenden bei der Feldarbeit; die Notwendigkeit einer Betriebsumstellung wegen Veränderung des Acker/Wiesen-Verhältnisses; Umwege infolge von Abschneidungen näherer Verbindungen (auch wenn diese öffentliche Wege waren); Verkleinerung der Wirtschaftsfläche bei gleichbleibendem Gebäudebestand (erhöhte Unterhaltskosten je Flächeneinheit) u. a."[191].

Diese und ähnliche Erschwernisse[192] können nicht nur den Ertragswert, sondern über ihn auch den Verkehrswert beeinträchtigen — je nachdem, welche Bedeutung ihnen der „gesunde Grundstücksverkehr" heute und in absehbarer Zeit beimißt. Dabei können Behinderungen, welche an sich den Ertrag hindern, mutatis mutandis auch bei anderer Nutzung des Grundstückes wertmindernd wirken (etwa Verkehrswege auf dem Grundstück oder dem Besitz).

Die Behinderungen können häufig auf eine Teilfläche lokalisiert werden, so daß nur diese „Behinderungsfläche" im Wert gemindert wird[193]. Nicht selten aber betreffen sie, wie die genannten Beispiele zeigen, nicht nur das gesamte Grundstück, sondern sogar den ganzen Besitz. Auf die sog. „Restbesitzbelastung" ist bereits[194] hingewiesen worden. Gerade bei den Wirtschaftserschwernissen läßt sich die Wertminderung eben nicht grundsätzlich einschränken. Es wird stets sogar eine gewisse „Tendenz zur Wertminderung größerer Flächen" festzustellen sein.

Daß dabei auf die Leitungsart besonders abzustellen ist, unterirdische Leitungen also weniger behindern als Hochleitungen oder gar Trassen[195], liegt auf der Hand.

b) *Anbauverbote:* Wertminderungen entstehen auch dadurch, daß etwa auf einem Schutzstreifen die Bepflanzung von Bäumen verboten ist, es sei denn, mit solchen Maßnahmen sei „in absehbarer Zeit vernünftiger Weise nicht zu rechnen"[196]. Die betroffene Fläche „scheidet

---

[191] *Seufert*, G. (FN 104), S. 97.
[192] Zur Bedeutung der Erschwernisse für den Verkehrswert vgl. etwa *Balkenholl*, H., *Bewer*, S. (FN 10), S. 149; *Dittus*, W. (FN 7), S. 724; *Foag*, A., RdL 1964, S. 52: „... denn ein gleichbleibender Ertrag bei erhöhten Gestehungskosten führt zu einer Einkommensminderung und stellt einen Schaden dar. Ähnlich liegt es, wenn zwar ein gleichbleibender Ertrag erzielt wird, der Anschluß an die allgemeine Ertragssteigerung aber verloren geht, weil die Anwendung zeitgemäßer und rationeller Bewirtschaftungsmethoden (künstliche Beregnung, großflächige Schädlingsbekämpfung durch Einsatz von Flugzeugen u.a.) ausgeschlossen ist." Skept. dazu *Gieseke*, P. (FN 4), S. 118.
[193] Dazu *Hamerla*, H. (FN 5), S. 106.
[194] Vgl. oben A. IV.
[195] Dazu *Dittus*, W., a.a.O.; *Joachim*, H. (FN 9), S. 475.
[196] *Gieseke*, P., a.a.O.

etwa für Aussiedlungshöfe aus, kann nicht aufgeforstet werden, falls dies im Zuge einer Extensivierung ratsam wird, und nimmt dem Eigentümer die Möglichkeit, auf wechselnde wirtschaftliche Situationen durch Nutzungsänderungen reagieren zu können". Auch künftige Flurbereinigung wird u. U. erschwert[197].

In aller Regel wird sich dabei die Wertminderung nicht auf die Teilfläche, ja häufig nicht einmal auf das betroffene Grundstück beschränken lassen, sondern den Besitz als solchen im Wert mindern — so insbesondere in der *Forstwirtschaft:*

„Handelt es sich um Forstgrundstücke, so können sich schon durch eine bloße Überspannung der zu schlagenden Schneise Nachteile ergeben, etwa durch Aushagerung, Windbruchgefahr und die Beschränkung auf dem in Anspruch genommenen Grundstücksstreifen, Bäume nur bis zu einer bestimmten Höhe wachsen zu lassen[198]"

Hier wirkt sich übrigens das Anbauverbot auch unabhängig vom Ertragswert auf den Grundstücks-, ja Besitzwert aus, wenn etwa ein arrondierter Besitz zerschnitten werden soll, der in seiner Geschlossenheit als besonders wertvoll geschätzt wird.

c) *Betretungsrechte:* Die Bediensteten des Leitungsunternehmens haben das dinglich gesicherte Recht, das durchschnittene Grundstück jederzeit zur Wartung oder zu anderen Leitungsarbeiten zu betreten, wenn dies erforderlich ist. Darin wird eine Minderung der Grundstücksnutzung[199] gesehen, weil diese dinglich gesicherte „Grundstücksmitbenutzung" dem Berechtigten nach bürgerlichem Recht bedeutsame Rechte gewährt. Die Rechtsprechung hat dies mit Recht als wertmindernd anerkannt, weil ja der „konkrete Zeitpunkt — etwa während der Einsaat, der Fruchtreife — für den Kläger bzw. dessen Pächter besonders hinderlich" sein wird. Zwar müßte der Beklagte in diesen Fällen dem Kläger den hierdurch verursachten speziellen Schaden gesondert ersetzen, indessen ändert dies nichts daran, daß der Kläger gezwungen ist, diese Eingriffe als rechtmäßig hinzunehmen und sich wegen des Schadens auf Verhandlungen, evtl. sogar auf für ihn beweislastmäßig ungünstige Prozesse einzulassen. Vor allem in bäuerlichen Kreisen werde darin eine Wertminderung gesehen[200]. Es muß also die Nutzung durchaus nicht etwa durch einen „Trampelpfad" dauernd gestört werden, der ja auf Grund der Leitung in der Art kaum je entstehen wird[201].

Betretungsrechte wirken sich in der Regel nicht nur für die Teilfläche, sondern für das Grundstück, ja für den Besitz wertmindernd

---
[197] *Balkenholl,* H., *Bewer,* C., a.a.O.
[198] *Hamerla,* H. (FN 5), S. 107.
[199] *Gieseke,* P., a.a.O.; *Foag,* A., RdL 1963, S. 282.
[200] LG Münster 4 O 184/59 v. 18.11.1960 (unveröff.).
[201] Darauf stellt zu Unrecht ab *Joachim,* H. (FN 9), S. 475.

III. Wertminderung von Grundstück und Besitz bei Durchschneidungen

aus, weil eben meist auch andere Flächen betreten werden müssen, der Eigentümer es aber mit Recht als wertmindernd ansehen wird, wenn er dulden muß, daß zu jeder Zeit Fremde sich auf seinem Besitz zu schaffen machen.

Die Betretungsrechte mögen den Ertragswert mindern. Mindestens ebenso groß ist aber ihre Bedeutung für die Verkehrswertminderung ohne Rücksicht auf Nutzungsart und Ertragswert. Gerade bei einem geschlossenen Besitz gehört es eben zum „Wert", daß er nicht laufend von Dritten betreten wird, ganz gleich, wie man etwa die Flächen gerade nutzt. Und die Nachteile können hier sehr erheblich sein — man denke nur an das geräuschintensive Aufgraben eines Schutzstreifens oder das Errichten von Masten in einer Zeit, zu der der Eigentümer auf Ruhe Wert legt. Für ihn gehört es eben nicht zur Sozialbindung, daß er das alles dulden muß; bereits die unerfreuliche Erwartung solcher Störungen wirkt wertmindernd.

d) *Immissionen* können dem Restgrundstück wie dem Gesamtbesitz durch die Durchschneidung drohen[202]. Für „normale Einwirkungen" wird nicht Sonderschadenersatz gewährt, sie müssen vielmehr künftig als rechtmäßig geduldet werden. Vor allem bei Verkehrstrassen wird dies von großem Nachteil sein (Lärmbelästigung). Es muß daher wertmindernd in Ansatz gebracht werden, wobei sich die Herabsetzung des Verkehrswertes hier kaum je auf Teilflächen wird begrenzen lassen. Unmittelbar sichtbar mag die Wirkung der Immission in einer Minderung des Ertragswertes werden (Funkenflug, Abgaseinwirkung), doch hat sie darüber hinaus in der Regel eine Verkehrswertminderung ohne Rücksicht auf den Ertragswert zur Folge, insbesondere wenn es sich um Belästigungen handelt.

Man wird also bei Schätzungen diesen und ähnlichen Einwirkungen besondere Beachtung schenken müssen, deren wertmindernde Auswirkungen rechtlich bereits weitgehend anerkannt sind. Die meisten von ihnen (insbesondere die oben b—d genannten) wirken übrigens „unmittelbar" verkehrswertmindernd, nicht nur „über eine Herabsetzung des Ertragswertes", aus welcher der gesunde Grundstücksverkehr verkehrswertmindernde Folgerungen ableiten mag. Grundsätzlich sind sie auch alle für den Grundstücks- und Besitzwert, nicht nur für eine Festsetzung des Teilflächenwertes, von Belang.

3. Weitere verkehrswertmindernde Eingriffsnachteile bei Durchschneidungen

Die Nachteile, welche Grundstück oder Besitz durch die Durchschneidung entstehen und ihren Wert mindern, sind ebenso wenig

---
[202] Dazu *Seufert*, G. (FN 104), S. 97.

erschöpfend zu erfassen wie die wertbildenden Faktoren. Folgende Einwirkungen auf die Rechtsposition des Eigentümers haben jedoch, vor allem im Schrifttum, Beachtung gefunden:

a) *Geringere Beleihungsfähigkeit:* Die Dienstbarkeiten werden im Grundbuch eingetragen. Die dadurch betroffenen Grundstücke sind belastet, was nicht ohne Auswirkung auf ihre Beleihungsfähigkeit sein kann. Diese wurde früher häufig mit der Begründung abgelehnt, hier werde ja das Grundstück lediglich „verunziert"[203]. Diese Auffassung ist heute nicht mehr haltbar[204], „vielmehr handelt es sich um einen echten, verkehrsmäßig ins Gewicht fallenden Rechtsverlust, was umso weniger in Zweifel zu ziehen ist als die ... Dienstbarkeit mit Vorrang vor allen sonstigen Rechten und Lasten im Grundbuch eingetragen ist, wozu keine Veranlassung bestehen würde, wenn es sich tatsächlich nur um einen ‚Schönheitfehler' des Grundbuchs handelt"[205].

Wenn eine Leitung *als solche* den Verkehrswert des Grundstücks mindert[206], so setzt die Eintragung der Belastung auch entsprechend die Beleihbarkeit herab. Man kann nicht die materielle Beeinträchtigung bejahen, der formellen, grundbuchmäßigen jedoch, welche sich nach jener richtet, keine Bedeutung zusprechen.

Die Herabsetzung der Beleihbarkeit wird aber auch nicht etwa durch die übrigen Wertminderungen stets soz. „konsumiert", so daß sie ohne „selbständige" Bedeutung wäre. Einerseits wird die geringere Beleihungsfähigkeit an sich eine gewisse Bedeutung haben; zum anderen kommt es auf die konkrete Belastung des jeweiligen Grundstückes an. Ist diese von solcher Art, daß die zusätzliche, die Wertminderung ausdrückende Dienstbarkeitsbelastung des Grundstückes nunmehr *jede* Beleihung ausschließt, so kann sich dies im Einzelfall besonders stark wertmindernd auswirken, während der „gesunde Geschäftsverkehr" gewisse „Beleihungsschwächen" leichter hinnehmen mag.

Die geringere Beleihungsfähigkeit trifft zunächst das Grundstück, darüber hinaus aber auch die anderen Grundstücke, welche den „Besitz" in ihrem Zusammenhang bilden; ihnen wird ja die Verkehrswertminderung der Einzelgrundstücke „weitergegeben".

b) *Gefahr von Schäden und Prozessen* ist bereits bei allen genannten Einwirkungen wertmindernd zu berücksichtigen, selbst wenn, ja

---

[203] So etwa *Gieseke,* P., a.a.O., S. 119; *Joachim,* H. (FN 9) unter Berufung auf ein rkr. Urteil des LG Essen; *Dittus,* W. (FN 7), S. 723, allerdings ohne Begründung und entgegen seiner im übrigen geäußerten Auffassung; *Kindermann,* H. H. (FN 7), S. 74.
[204] Ablehnende Stellungnahme v. Lit. u. Rspr. zit. *Foag,* A., RdL 1963, S. 282.
[205] LG Münster 4 O 184/59 v. 18. 11. 1960 (unveröff.).
[206] Was aber außer Zweifel steht, vgl. oben 1.

III. Wertminderung von Grundstück und Besitz bei Durchschneidungen 73

gerade weil sich dies im einzelnen eben nicht voraussehen läßt. Mit Recht wird daher im Schrifttum etwa auf das Prozeßrisiko hingewiesen, falls Ersatzansprüche gegen das Versorgungsunternehmen realisiert werden müssen, oder Erbauseinandersetzungen drohen[207]. Dies alles sind nicht „gefühlsmäßige Aversionen", sondern echte Belastungen, die sich eben nur schwer beziffern lassen. Der „gesunde Grundstücksverkehr" wird sie aber möglicherweise als solche, d. h. selbst unabhängig von Einzeleingriffen oder -belastungen, wertmindernd berücksichtigen, vor allem wenn mehrfache Durchschneidungen vorliegen. Dann aber wird es auch angebracht sein, hierfür eine gesonderte, wenn auch pauschalierte Wertminderung in Ansatz zu bringen. In der Regel wird sie auf den Gesamtgrundstücken oder auf dem Gesamtbesitz liegen, nicht auf Teilflächen.

c) *Zeitliche Inanspruchnahme* des Eigentümers für Verhandlungen wird schließlich ebenfalls in Rechnung zu stellen sein[208], sie wurde früher auch durch die Anerkennungsgebühr abgegolten[209]. Dies darf allerdings heute, nachdem das „Anerkennungsdenken" überhaupt im Entschädigungsrecht keinen Platz mehr hat, nicht etwa dazu führen, daß sämtliche nicht leicht zu beziffernde Nachteile leichterhand durch eine kleine Summe „abgegolten" werden. Hier ist vielmehr zu schätzen, sonst entstehen im Ergebnis neue Formen von Anerkennungsgebühren.

So bedeutsam auch die Kenntnis und Beachtung der einzelnen Eingriffsauswirkungen bei Durchschneidungen sein mag, sie darf nie zu einer summierenden Einzelberechnung der Wertminderung führen, sie gibt Anhaltspunkte für die Globalschätzung, sollte diese aber, soweit irgend möglich, nicht völlig in Einzelschätzungen auflösen. Auf diesem Weg würde man nicht nur wieder zur Teilflächenentschädigung zurückkehren; eine solche Betrachtungsweise würde auch der Art nicht entsprechen, in der der „gesunde Geschäftsverkehr" den Wert eines Grundstücks oder eines Besitzes bewertet — in einer gewissen „Gesamtsicht". Für den Eigentümer ist es an sich schon ein Nachteil, daß er nicht selbst verwerten, nicht selbst die Wert-Schätzung des Gutes im Gespräch mit dem Kaufwilligen beeinflussen kann, daß er sich vielmehr die Wertberechnung aufzwingen lassen muß, die der Sachverständige soz. „am grünen Tisch" für ihn erstellt. Diese Nachteile dürfen nicht noch dadurch verstärkt werden, daß der Experte sich in verkehrsfremden Einzelüberlegungen dort ergeht, wo ein Käufer ein Globalurteil fällen würde.

---
[207] *Balkenholl*, H., *Bewer*, C., a.a.O., S. 149; vgl. auch *Gieseke*, P., a.a.O., S 119
[208] *Gieseke*, P., a.a.O.; *Kindermann*, H. H. (FN 7), S. 76.
[209] *Joachim*, H. (FN 9), S. 477.

Eine gewisse „Globalisierung der Schätzung" entspricht also sicher dem geltenden Entschädigungsrecht; dies zeigt sich auch in den Verfahrensvorstellungen, die bisher entwickelt worden sind.

IV. Methode zur Feststellung der Verkehrswertminderung

Was im folgenden unter dem Begriff „Methode" erörtert wird, sind nur zum geringen Teil Fragen, welche das Vorgehen bei der Wertermittlung im streng verfahrensrechtlichen Sinn betreffen. Diese sind hier nicht von Belang. Es geht vielmehr um die methodischen Gesichtspunkte, welche bei der Feststellung der Wertminderung zu beachten sind, das aber ist dogmatisch zum Teil materielles Recht. In den vorhergehenden Kapiteln ist auch manches bereits angedeutet worden, was nun im folgenden nochmals darauf untersucht wird, „auf welchem Wege" die Wertminderung ermittelt, wie die dargestellten Grundsätze realisiert werden können.

1. Das Wesen der „freien Schätzung"

a) Die Schwierigkeiten einer exakten Schätzung der Wertminderung sind stets und nachdrücklich betont worden[210]. Bei der Wertminderung von Grundstücks- oder gar von Besitzwerten steigern sich diese Schwierigkeiten in aller Regel noch erheblich. Dies nicht zuletzt hat in der Praxis zum Rückzug auf die Teilflächenentschädigung geführt. Nach allgemeinen prozessualen Grundsätzen müßten nun Schwierigkeiten der Erweislichkeit stets zu Lasten des Eigentümers gehen, der damit kaum je zu mehr als allenfalls noch zu einer Teilflächenentschädigung kommen könnte. Die gesamte hier behandelte Problematik wäre damit praktisch zugunsten der Enteignungsgewalt erledigt.

Gerade dies entspricht jedoch nicht der Rechtsprechung. Der BGH will den Eigentümern nicht eine probatio diabolica zumuten:

„Derartige Beeinträchtigungen des Grundeigentums sind einer völlig exakten Ermittlung in der Regel nicht zugänglich. Der Richter ist deshalb bei der wertmäßigen Erfassung der Eigentumsbeschränkungen ebenso wie bei der Bewertung der Grundstücke selbst weithin — und zwar gegebenenfalls unter Mithilfe Sachverständiger oder sonstiger berufener Stellen — auf Schätzungen angewiesen. Diesen Schwierigkeiten hat der Gesetzgeber Rechnung getragen und den Tatrichter mit der Bestimmung des § 287 ZPO zu einer besonders freien Würdigung ermächtigt und ihm einen großen Spielraum bei der Entschädigungsfestsetzung gewährt[211]."

---

[210] Vgl. f. viele *Bruns*, H., RdL 1970, S. 8; *Balkenholl*, H., *Bewer*, C., a.a.O., S. 149; *Kindermann*, H. H. (FN 7), S. 72.
[211] BGH NJW 1964, S. 653; BGH RdL 1963, S. 75; BGH RdL 1967, S. 242.

IV. Methode zur Feststellung der Verkehrswertminderung

Die übrigen Gerichte sind dem bei der Schätzung des Wertes und seiner Minderung gefolgt. Immer wieder haben sie betont, daß dem Eigentümer nicht zuviel an Nachweislast auferlegt werden darf[212]. Die Rechtsprechung nimmt ja auch bei den in den vorhergehenden Kapiteln behandelten „Vermutungen" eine „Verkehrsauffassung" einfach an[213], sie „schätzt insoweit die Beeinträchtigungen global". Und nichts anderes als freie Globalschätzung liegt darin. wenn in der Regel die Teilflächenentschädigung mit 15—25 % festgesetzt oder bei Kumulation von Leitungen 10 % gewährt wird. Die „freie Schätzung" bestimmt also das Entschädigungsrecht bei Durchschneidungen im allgemeinen wie im besonderen, dann, wenn keine Unterlagen vorhanden sind, wie in der Beurteilung derselben, mag sie nun getrennt oder zusammen erfolgen. All dies ist eben „die Schätzung", deren verschiedene Aspekte sorgfältig zu unterscheiden sind, sich in der Freiheit der Würdigung aber gleichen[214].

b) *Für die Grundstückswert- oder Besitzwertermittlung ist dies von größter Bedeutung.*

— *Einzelelemente der Schätzung:* Vor allem bei Besitz-, aber auch bei Grundstückswertermittlungen kommt es weit mehr noch als im Falle der Teilflächen auf den Einzelfall, insbesondere auf die Lage des Grundstücks an. Daraus können sich Einzelelemente der Wert(minderungs-)Berechnung ergeben, die in ihrer Bedeutung nicht schon in vielen anderen Fällen anerkannt sind und daher streitig sein werden. Ihre Zulassung als Grundlage der Schätzung unterliegt ebenso der freien Beweiswürdigung des Richters wie die Bestimmung ihres Gewichts für die Schätzung im ganzen. Die Sachverständigen können also auch „atypische" Schätzungsgesichtspunkte im Einzelfall einführen, sie brauchen sich nicht an ein bestimmtes Schema von Schätzungselementen zu halten.

Es genügt jeweils eine gewisse Approximation[215].

— *Globalschätzung:* Gerade bei Grundstücks- und Besitzwert kann nur ein *einheitliches* Urteil gefällt werden, in dem alle Schätzungselemente zusammengesehen werden. In diese Wertbestimmung werden eben jene Imponderabilien einfließen, welche der gesunde Grundstücksverkehr bei größerem Besitz in besonderer Weise berücksichtigt. Mit steigender Grundstücksgröße wird überhaupt der

---

[212] Siehe etwa OLG Hamm, RdL 1966, S. 164; OLG Köln, RdL 1963, S. 159; von „nicht näher bemeßbaren Imponderabilien" spricht das LG Münster, 4 O 184/59 v. 18. 11. 1960.
[213] Siehe etwa BGH WM 1960, S. 73.
[214] Vgl. im übrigen zum Wesen der Schätzung und ihrer Entscheidungsfreiheit oben I, 2.
[215] Dazu schon oben III a. E.

Globalisierung der Schätzung steigendes Gewicht zukommen. Auch die „Schätzung als Globalurteil" aber braucht den Wert nur approximativ zu erfassen. Dadurch wird ein solches Urteil überhaupt erst möglich.

Bei Einzelelementen wie Globalbeurteilung bringt die „Schätzung" übrigens, ihrem Wesen entsprechend, zwei Gesichtspunkte zum Tragen, die zwar zusammenhängen, aber nicht identisch sind:

* Die *Approximation* der Wertbestimmung, die also nicht auf Heller und Pfennig stimmen, sondern nur eine Annäherung darstellen muß.

* Der *geringere Wahrscheinlichkeitsgrad*, den die Schätzung im ganzen wie im einzelnen einer festen Wertermittlung gegenüber nur aufzuweisen braucht.

Approximation nimmt einen geringeren Präzisionsgrad in Kauf, bedeutet also, daß die Mittel der Feststellung in Grenzen inadäquat bleiben müssen. Der schwächere Wahrscheinlichkeitsgrad hat zur Folge, daß die Schätzungsargumente, selbst mit diesen Vorbehalten, als „Rahmenfeststellung" also, nicht in gleicher Weise überzeugen müssen, wie der Nachweis der Begründetheit eines Anspruchs in anderen Fällen. Diese verschiedenen „Schätzungsprivilegien" sollten bei der Wertbestimmung stets bewußt sein. Nur dann kann eine Grundstücks- oder Besitzwertbestimmung gelingen.

— Rahmenschätzung kann sich innerhalb eines „Groß-Rahmens" bewegen, für den die Rechtsprechung bei Durchschneidungen und dadurch bewirkter Wertminderung von Grundstücken oder Besitz ähnliche Vermutungen aufstellen kann, wie dies bei der Teilflächenentschädigung geschehen ist (15—25 % des Flächenwertes). Ein solcher Rahmen wird „in der Regel" nicht über 15 % Wertminderung, aber auch kaum unter 1 % liegen, sich etwa zwischen 1 und 5 oder 10 % des Grundstücks- oder Besitzwertes, je nach Art der Durchschneidung, bewegen.

Es mag zwar fraglich sein, ob so viele derartige Fälle zur Entscheidung kommen werden, daß man die Rechtsprechung zu ähnlichen Pauschalierungen wie bei Teilflächen bewegen kann. Im ganzen wäre dies aber wohl ein Vorteil, selbst wenn dem Einzelfall hier stets viel weiterer Raum bleiben muß als bei Teilflächenentschädigung.

Schätzung ist also zwar nicht Ermessensentscheidung[216] — sie steht einer solchen aber weitgehend praktisch gleich, und zwar mit einer eindeutig eigentumsfreundlichen Tendenz, die man, mutatis mutandis,

---
[216] *Meyer - Stich - Tittel*, Baurecht, 1966, S. 370.

IV. Methode zur Feststellung der Verkehrswertminderung

mit einer Art von „innerer Ermessensbindung" vergleichen könnte, welche den Richter zu einer Entscheidung „im Zweifel für das Eigentum" veranlaßt.

2. Die Macht der Schätzer

a) Durch die Anerkennung des Verkehrswertes als Grundlage der Wertminderung und nach dem Wesen der daraus folgenden notwendigen Methode der Schätzung kommt den Schätzern eine praktisch kaum zu überschätzende Bedeutung zu, die gelegentlich auch kritisiert wird. Dabei wird behauptet, dies bedeute ein „Abschieben richterlicher Verantwortung auf Sachverständige, d. h. praktisch auf Interessenvertreter"[217]. Die Judikatur bietet für eine solche These keinerlei greifbaren Beleg; die Richter wachen streng über die Unabhängigkeit der Sachverständigen, und es werden häufig auch, ausschließlich oder ergänzend, amtliche Auskünfte eingeholt. Für das Eigentum könnte es auch auf die Dauer gar nicht günstig sein, wenn es durch parteiliche Sachverständige „geschützt" würde.

Die Rechtsprechung betrachtet auch den Sachverständigen durchaus nicht als Entscheidungsinstanz, sie zeigt vielmehr eine Unabhängigkeit von den Schätzungen, welche beachtlich ist und wohl kaum in einem anderen „technischen" Bereich übertroffen wird: Von den Schätzungen wird, manchmal radikal[218], abgewichen.

Vor allem aber: Die Richter, vor allem der Oberlandesgerichte, halten sich selbst für durchaus sachverständig, es gibt Gerichte, die sich laufend in ihren Urteilsgründen bestätigen, daß sie infolge langer Erfahrung besondere Sachkunde besitzen — und dann auf Grund derselben entscheiden[219]. Die Richter betonen also weniger die Macht der Sachverständigen, als die Freiheit der Schätzung, in deren Namen sie auch zu scharfen Prima-vista-Urteilen kommen[220].

b) Unter diesem Vorbehalt ist allerdings festzustellen, daß die Gerichte häufig dem Sachverstand erfahrener Schätzer in besonderer Weise vertrauen[221]. Sie sind sogar bereit, dem Schätzer zu folgen, wenn Vergleichspreise vorgelegt werden: So hat etwa das OLG Hamm ausgeführt[222]:

„Der Sachverständige Sch., der seit vielen Jahren als Gutachter tätig ist und von Behörden und Gerichten stark in Anspruch genommen wird, ist

---

[217] So ohne jede nähere Begründung *Wagner*, H. (FN 14), S. 203.
[218] Beispiel: OLG Celle, RdL 1964, S. 51 m. Anm. *Foag*.
[219] So etwa der zuständige Entschädigungssenat des OLG Hamm.
[220] So z. B. BGH RdL 1963, S. 75 („völlig wirklichkeitsfremd").
[221] Vgl. etwa OLG Hamm, RdL 1963, S. 74.
[222] RdL 1963, S. 304.

sich dessen bewußt (d. h. daß Vergleichspreise problematisch sind; d. Verf.). Wenn er an Hand umfangreicher Unterlagen auf Grund seiner langjährigen Erfahrung den Verkehrswert eines Grundstücks schätzt, so ist es nicht möglich, durch Hinweise auf Kaufverträge, in denen abweichende Preise festgelegt sind, seiner Ansicht den Boden zu entziehen."

Die Schätzer sollten wissen, daß die Richter letztlich ihrer Persönlichkeit, nicht ihren Berechnungen vertrauen werden, sie sollten dieses Vertrauen nicht mißbrauchen, es aber auch nicht durch übergroße Sorgfalt entwerten. Der Richter erwartet, daß der Sachverständige eine Entscheidung als Persönlichkeit trifft, nicht als Rechenmaschine, daß er mit Geist und Herz entscheidet — wie eben der „gesunde Grundstücksverkehr" auch, dessen Wertung der Sachverständige hier *praktisch nicht* „ermittelt", sondern schlechthin ersetzt.

Gerade in Grundstücks- und Besitzwertfragen ist Schätzung eine Persönlichkeitsentscheidung, die man im letzten nicht überprüfen kann, der man vertrauen muß.

3. „Vergleichspreise"

Im Enteignungsrecht spielen Vergleichspreise eine sehr wichtige Rolle. Es ist nicht ersichtlich, daß sich grundsätzlich Besonderheiten für die Durchschneidungsfälle ergeben.

a) Die sog. *freihändigen Vereinbarungen"* der Enteignungsgewalt mit den Berufsvertretungen der Eigentümer über die Größenordnung der Teilflächenentschädigung spielen zwar für die Teilflächenenteignung als Anhaltspunkt eine sehr wichtige Rolle[223]. „Wenn bei den vielen Tausenden von bestehenden Leitungsservituten jeweils Einzelprüfungen und Einzelbegutachtungen hätten gemacht werden wollen oder müssen, wäre der dadurch entstehende Arbeitsaufwand wohl nicht zu bewältigen[224]." Die Rechtsprechung nimmt auch gelegentlich, allerdings nicht durchgehend, auf solche freihändigen Vereinbarungen Bezug[225]. Die ausschließliche Messung der Entschädigungsansprüche an der Verkehrswertminderung bedeutet auch keineswegs das Ende der nach Sammelvereinbarung pauschalierten Entschädigung, weil typische, in etwa gleichliegende Normalfälle der Leitungsführung, z. B. in freier Feldflur, durchaus auf diesem Weg sachgerecht gelöst werden und für Schätzungen festen Anhalt bieten können[226].

---

[223] Dazu *Mattheis, G.*, NJW 1963, S. 1805; *Frohberg, G.* (FN 7), S. 2008; *Foag, A.* (FN 132), S. 283; *Dittus, W.* (FN 7), S. 723; *Kindermann, H. H.* (FN 7), S. 77; *Bewer, C.*, RdL 1968, S. 171.
[224] *Dittus, W.*, a.a.O.
[225] Vgl. etwa OLG Hamm, RdL 1962, S. 83; OLG Hamm, RdL 1963, S. 305 (allerdings unter Bezug auf das Gutachten des Sachverständigen); OLG Hamm, RdL 1968, S. 271 („wesentliches Indiz für das Vorliegen von Belastungen").
[226] *Dittus, W.*, a.a.O.

IV. Methode zur Feststellung der Verkehrswertminderung

Für Grundstücks- und Besitzwertminderung wird es in der Regel solche Vereinbarungen nicht geben können, weil hier nicht hinreichend viele Fälle vorliegen und diese alle sehr individuell gelagert sein dürften. Dies bedeutet aber nicht, daß hier eine Schätzung unmöglich würde, nur weil der „freihändig vereinbarte" globale Vergleichspreis als Anhaltspunkt nicht zur Verfügung steht: Mehr als ein Anhaltspunkt ist dieser ohnehin nie, die Schätzung kann er nicht voll bestimmen oder gar ersetzen und auch dort, wo solche Vereinbarungen abgeschlossen werden, handelt es sich nur um „die Aufstellung von Richtsätzen, die zugleich als Mindestsätze zu werten sind, da dem einzelnen Grundeigentümer die Möglichkeit nicht genommen wird, wegen bei ihm vorliegender Sonderumstände höhere Forderungen zu stellen"[227]. Abweichungen aus individuellen Gründen sind eben stets zulässig.

Das Fehlen „freihändiger Globalvereinbarungen" mag die Schätzung von Grundstücks- oder Besitzwertminderungen erschweren, es macht sie nicht unmöglich.

b) Vergleichspreise aus einer mehr oder minder großen Zahl von *ähnlichen, naheliegenden Verkäufen* haben praktisch eine große Bedeutung. Der BGH läßt sich durch sie zwar verbal nur seine Auffassung „bestätigen"[228]; in Wahrheit aber wird nicht selten auf solcher Grundlage entschieden[229]. Einer Beurteilung allein nach Vergleichspreisen wird also grundsätzlich kein rechtlicher Einwand entgegenstehen. Der BGH meint sogar in seiner Grundsatzentscheidung zur Entschädigungshöhe:

„Erst wenn Vergleichspreise überhaupt nicht zu ermitteln sind, wird eine ins Einzelne gehende Erörterung der Fakten notwendig werden, die an einer etwaigen Veränderung der Qualitätsverhältnisse ... mitgewirkt haben können[230]."

Vergleichspreise müssen also stets „zunächst" gesucht werden. Kaufpreissammlungen können dabei gute Dienste leisten[231], mag sich auch aus ihnen nicht alles entnehmen lassen[232].

Andererseits bleibt auch Vergleichspreisen gegenüber[233], ja sogar gegenüber Preisen, die für Teile desselben Grundstücks bezahlt wurden[234], stets eine volle Beurteilungsfreiheit der Judikative, die gelegent-

---
[227] *Dittus*, W., a.a.O.
[228] BGH WM 1960, S. 73.
[229] Vgl. etwa BGH RdL 1965, S. 127, wo die Schätzung eines Sachverständigen gebilligt wird, der „entscheidend anhand von Vergleichspreisen" beurteilt hatte; OLG Hamm, RdL 1963, S. 74.
[230] BGH NJW 1963, S. 1497 m. weit.Rspr. Nachw.
[231] Vgl. etwa LG Aachen, 20 172/60, v. 23. 11. 1961 (unveröff.).
[232] *Balkenholl*, H., *Bewer*, C. (FN 10), S. 150.
[233] Vergleichspreise *müssen* nicht zugrundegelegt werden, OLG Hamm, RdL 1968, S. 271; OLG Hamm, RdL 1963, S. 304.
[234] OLG Hamm, RdL 1971, S. 304.

lich zu genereller Zurückhaltung des Gerichts führen kann, das eben die Fälle nicht als vergleichbar ansieht. Hier kommt alles auf den Einzelfall an.

Bei *Grundstücks- und Besitzwertminderung* werden häufig auch einzelne „individuelle" Vergleichspreise nicht zur Verfügung stehen. Nach der geschilderten Rechtsprechung schadet dies nichts; es ergibt sich aus der Natur der Sache und schließt in keiner Weise die Entschädigungsfähigkeit solcher Wertminderungen aus. Nicht unbedenklich wäre es sogar, wollte man hier, wo doch wirklich jeder Fall anders liegt, mit Kaufpreissammlungen das Gericht unmittelbar beeindrucken wollen. Daß solche Sammlungen wertvolles „Hintergrundmaterial" bieten können, sei unbestritten.

4. Die Methode der Ermittlung der Wertminderung

Auf die Berechnungsweise, mit der die Wertminderung ermittelt werden kann, ist hier nicht im einzelnen einzugehen. Es mag auf die noch heute zutreffenden Ausführungen von *Frohberg*[235] verwiesen werden:

„Die Ermittlung der Verkehrswertminderung ist schwierig. Grundsätzlich bieten sich zwei Wege: Es können die Verkehrswerte des unbelasteten und des belasteten Grundstücks gegenübergestellt werden (siehe die weiter oben zit. Lit.); es kann aber auch versucht werden, den Wert der Beeinträchtigung (= Rechtsverkürzung zu Lasten des vordem nicht dauernd beschränkten Grundeigentums) direkt zu ermitteln. Die Methode des Verkehrswertvergleichs ist mehrschichtig. Zwar kann der Verkehrswert des unbelasteten Grundstücks aus Vergleichspreisen verhältnismäßig einfach gewonnen werden. Der Verkehrswert des belasteten Grundstücks läßt sich aber nur in einem komplizierten Bewertungsvorgang finden. In Betracht kommende Vergleichsgrundstücke müßten wegen gegebener unterschiedlicher Verhältnisse des Grundstückes selbst und der Leitungsführung durch Zu- und Abschläge vergleichbar gerechnet und hinsichtlich des Preises und Verkaufstages noch auf den maßgeblichen Zeitpunkt bezogen werden. Bewertungstechnisch ist dabei ohne einen Preisspiegelvergleich kaum auszukommen, weil andernfalls verschiedene Verkaufsfälle und der Trend der allgemeinen Preisentwicklung die Wertbestimmung verfälschen.

Wegen dieser unverkennbaren bewertungstechnischen Schwierigkeiten, der gegenüber früher wesentlich veränderten Situation auf dem Grundstücksmarkt und wegen der strukturellen Besonderheiten moderner landwirtschaftlicher Betriebe sind Anfang 1959 an Hand umfangreichen Materials Grundsätze erarbeitet worden, die den Verkehrswert und Ertragswert desselben Grundstückes vergleichen lassen (Gutachten der Landwirtschaftskammer Rheinland v. 7. 4. 1959), mithin erlauben, die Wertdifferenz zu ermitteln, innerhalb der sich die Verkehrswertminderung infolge der Auflastung der Dienstbarkeit bewegt. In die gleiche Richtung zielt die Methode, in Anlehnung an die Ermittlung des Erbbauzinses die Entschädigung dadurch zu bestimmen, daß der Verkehrswert des betroffenen Grundstückes verzinst

---

[235] (FN 7), S. 2008.

IV. Methode zur Feststellung der Verkehrswertminderung

und hiervon der ortsübliche landwirtschaftliche Pachtzins abgezogen wird, weil dem Eigentümer die weitere landwirtschaftliche Nutzung verbleibt (siehe Gutachten a.a.O.; Kottsieper, RdL 58, 113 ff., ferner Balkenholl und Bewer, RdL 63, 147). Für diese Methode spricht, daß z. B. Art. VIII ZwAbtrG ausdrücklich die Entschädigungsbemessung für den Fall der Belastung eines Grundstückes mit einem Erbbaurecht nach denselben Grundsätzen vorschreibt, die bei Auflastung von Dienstbarkeiten gelten. Vorstehend erwähnte Methoden sind bewertungstechnisch nie angegriffen worden; der rechtlich unzutreffende Einwand besteht in der Behauptung, daß keine Verkehrswertminderung eintrete, weil der Ertrag nicht geschmälert werde. Eine andere Möglichkeit zeigte das bereits erwähnte ältere Urt. des OLG Hamm (Urt. v. 26.3.1919 — 5 U 160/16) auf: den mit 25 kapitalisierten Betrag, den die damalige Westfälische Provinzialverwaltung für die Gewährung der Erlaubnis zur Benutzung von Provinzialstraßen zwecks Verlegung von Gas- und Wasserrohren sowie unter- oder überirdischen Kabeln zu verlangen pflegte (Das waren 1919 60 RM pro km Leitung und Jahr).

Diese und ähnliche[236] Vorstellungen sind bereits für Grundstückswertminderungen entwickelt worden. Für Besitzwertminderungen führen sie nicht zum Ziel. Hier muß etwa der Betriebswert vor und nach Durchschneidung verglichen werden. Allgemein gilt aber:

„Eine überzeugende, allgemein anwendbare Methode für die exakte rechnerische Ermittlung einer solchen Verkehrswertminderung ist bislang noch nicht gefunden. Verschiedene erfolgversprechende Versuche und Ansätze, die von der Unterstellung ausgehen, daß durch den Enteignungseingriff der Verkehrswert etwa in der Relation gemindert wird, in der der Ertragswert zur Summe der von den Ertragswert mindernden Nebenschäden (Formveränderung von Grundstücken, Veränderung der Zuwegungsverhältnisse, Restbetriebsbelastung) steht, haben zwar in manchen Fällen befriedigende Annäherungswerte ergeben, in anderen Fällen sich aber als noch nicht ausgereift erwiesen. In solchen Fällen bleibt vorerst nur die Wertfindung im Wege freier Schätzung...[237]."

Und hier muß überhaupt der Jurist dem Sachverständigen das Wort geben. Das Recht sagt, daß Entschädigung für Wertminderung von Grundstücken und Besitz zu gewähren ist. Es orientiert den Experten bei ihrer Ermittlung. Ersetzen kann es ihn nicht.

Ein Wort aber kann ihm, auf Grund der gesamten Rechtsprechung, mitgegeben werden: „In dubio pro proprietate".

---

[236] Vgl. etwa *Balkenholl*, H., *Bewer*, C. (FN 10), S. 148 sowie *Nordalm*, Die Überspannung von landwirtschaftlichen Grundstücken mit Leitungsdrähten, RdL 1958, S. 114.

[237] *Bruns*, H., RdL 1970, S. 9.

Sachwortverzeichnis

Abgaseinwirkung 71
Abschöpfung
 staatsverursachter Gewinne 55
Affektionsinteresse 45, 64
Anbauverbote 69 f.
Autobahndurchschneidung 41
Anerkennungsgebühr 24 f., 73

Ballungsräume 62
Baubeschränkung 32
Baulanderwartungsfälle 22 f., 33, 46, 48, 51, 59 ff.
Baulandfälle 27, 41
Bauplanung 63
Baustellenland 59
Beeinträchtigungsarten 11
Behinderung einer Berufs- und Erwerbstätigkeit 43
Behinderungsfläche 69
Beleihungsfähigkeit 72
Beleihungswert 41
Benutzbarkeit 52, 66
Benutzungsart 49, 52
Benutzungsfähigkeit 52, 66
Besitz 37, 44 ff.
Besitzeinheit 17 f., 45
Besitzwert 37, 39, 59
Besitzwertentschädigung 9, 27, 36 ff., 46
— allg. Grundsätze 57 f.
— in der Rechtsprechung 40 ff.
— Voraussetzung 38 ff.
Besitzwertfaktoren 65
Besitzwertminderung 37
Betretungsrechte 12, 70 f.
Betriebseinheit 38
Betriebsumstellung 69
Betriebswert 38
Beweislast 68, 74
Beweisvermutung 47, 55 ff.
Bewertungsfaktoren 56 ff., 65
Bewertungssystem 52
Bewirtschaftungsnachteile 49, 68 f.
Billigkeitsentscheidung 57

Chance 58 ff.

Duldungsrechte 13 f.
Durchschneidung 10 f.
— Kumulierung von Durchschneidungen 51
— durch Leitungen 42
— durch über- oder unterirdische Leitungen 42
— durch Straßen 42, 48 f., 67, 69
Durchschneidungsart 50
Durchschneidungsformen
— Unterschiede verschiedener 42
Durchschnittsbeurteilung 57

Eigentümerinteressen 35, 40, 46, 60
Eigentumsbegünstigung 40, 46, 52
Eigentumsbeschränkung 13 f., 48
Eingriffsform 47 ff.
Einheit von Grundstücken 36
Einzelberechnung 68, 73
Einzelgut 37
Elektrizitätsleitungen 47 ff.
enteignender Eingriff 13 f.
Enteignung 13
enteignungsfähiges Gut 36 ff.
enteignungsgesetzliche Regelungen 28 ff., 35, 40, 43
Enteignungszeitpunkt 45
Entschädigung 9
— Berechnungsarten 39, 43
— Höhe 14 ff., 68
— pro m^2 der Schutzstreifenfläche 20 ff.
— nach Teilflächen 21
— volle 14
Entschädigungsbemessung 32 ff.
— Grundsätze 48 ff.
Entschädigungsberechnung
— Grundlage 27
Entschädigungsformen
— Verhältnis zueinander 19 f., 22 ff.
Entschädigungshöhe
— allg. Grundsätze 56 f.

Sachwortverzeichnis

Entschädigungsrichtlinien 53 f.
Erforderlichkeit 50
Ermessen 57, 76 f.
Erschließungsgrad 61 f.
Ertragswert 26, 38, 41, 51 ff.
Ertragswertminderung 68 ff.

Feststellung der Wertminderung 74 ff.
Flächenwertentschädigung 9, 20 f.
freihändige Globalvereinbarungen 79
freihändige Vereinbarungen 78 f.
Folgeschaden 59
Forstbesitz 38
Forstwirtschaft 70

Gebundenheit der Grundstücksrechte 67
gefühlsmäßiger Wert 64 ff.
Gemeiner Wert 53
Gesamtbesitz 41
Gesamtgrundstück 29
Gewerbebetrieb 38
Gleichheitssatz 35
Globalschätzung 73, 75 f.
Grundbucheintragung 67
Grundstück 30
Grundstücksmitbenutzung 70
Grundstücksqualität 55
Grundstücksverkehr
— „gesunder" 53, 61, 66
— rechtsgeschäftlicher 54
Grundstückswert 39, 51, 59
— objektiver 34
Grundstückswertentschädigung 9, 27, 28 ff., 46
— allg. Grundsätze 57 f.
— in der Rechtsprechung 31 f.
Grundstückswertminderung 38 ff.

Hochspannungsleitungen 48
Hof 41

Immissionen 71
Immissionsnachteile 49
Industriegebiet 62

Jagdrevier 45

Kaufpreissammlungen 79 f.
künftiger Wert 58 ff.

Lärmbelästigung 71
Lage des Grundbesitzes 61
Landbesitz 38

landwirtschaftlich genutztes Grundstück 23 f., 26, 66
Leitungen
— Arten 47 ff.
Leitungsrecht 12

Markt 63, 65
Marktwirtschaft 61
Mastflächen 21
Meistbegünstigungsgrundsatz 34 f., 40, 46

Nebenentschädigung 53 f.
Normalformen der Durchschneidung 50
Normsetzung 67
Notwendigkeit 50
Nutzungsart 49, 52
Nutzungsbehinderungen 21

Ölleitungen 47 ff.

Parzellierung 29
Pauschalierung 21, 51, 68
Planung 55, 62 f., 67
Planungserwartungen 63
Prozeßrisiko 72 f.

Rahmenschätzung 76
Rechtsstaatlichkeit 16, 57
Restbesitz 37
Restbesitzbelastung 69
Restbetriebsbelastung 43 ff.
Richtsätze 79
Rohertragsreduktion 43

Sachgesamtheitswert 38
Sachverständige 52, 54, 57 f., 77 ff.
Schadensgefahr 72
Schätzer 77
Schätzung 47, 54, 59, 63, 68, 74 ff.
— Einzelelemente der — 75 f.
— Globalschätzung 73, 75 f.
— Rahmenschätzung 76
Schutzbereich 30
Schutzstreifen 9, 12, 20 ff., 42
Sozialbindung 14, 16
Sozialstaatlichkeit 15
Spekulation 60 f., 64 f.
Spekulationsaussichten 60
Staatsaufgaben 15
Städtebauförderung 56
Steuerstaat 16

Teilenteignung 12, 18 ff., 36
Teilentschädigungsrecht 47
Teilflächenentschädigung 20 ff., 30, 46

überirdische Leitungen 48 f., 65
Überspannung 41, 65
Umstufung 62
Umwege 69
Umweltschutz 62
Unterschiede verschiedener Durchschneidungsformen 42
unterirdische Leitungen 48 f., 65

Vergleichspreise 77 ff.
Verkaufslage 54
Verkehrswert 26 f., 38, 51 ff.
Verkehrswertminderung 20 f., 36, 68 ff.
Verkehrswertvergleich 80 f.
Vermögenswertes Gut 29
Vermutung 47, 55 ff., 59, 62, 66 ff.
Versorgung
— Verteuerung der 15 ff.
Versorgungsleitungen 12
Versorgungsunternehmen
— Rechte der 12
Verunzierung 49
Verwendungsmöglichkeiten 35
Verwertbarkeit 45
Vollentschädigung 14

Vorgartengelände 33
Vorteilsausgleich 17, 40

Wasserleitungen 47 ff.
Wert
— Affektionsinteresse 45, 64
— gefühlsmäßiger 64 ff.
— Gemeiner 53
— künftiger 58 ff.
— Sachgesamtheitswert 38
Wertberechnung 75
wertbildende Faktoren 55 f.
Wertentwicklungsmöglichkeit des Grundbesitzes 67
Wertermittlung 74 ff.
Wertersatz
— voller 30
Wertminderung 27
Wertminderungsermittlung 80 f.
Wertschöpfung durch staatl. Planung 55
Wertvermutung 59
Wirtschaftseinheit 41
Wirtschaftserschwernisse 68 f.

Zukunftchance 58 f.
Zusammenhang
— örtlicher 44 f.
— wirtschaftlicher 44 ff.

Printed by Libri Plureos GmbH
in Hamburg, Germany